고수의 장사법

바로 써먹는 디테일 마케팅

고수의
장사법

장정빈 지음 | **한국서비스표준진흥원** 감수 및 추천

올림

작은 변화가 만드는 큰 차이

우리나라는 자영업의 나라라 해도 과언이 아닙니다. 2024년 기준, 자영업자는 600만 명에 육박하며, 무급 가족 종사자와 자영업 종사 임금노동자를 합치면 1000만 명이 넘어 전체 취업자의 40%에 달합니다. 특히 도소매업, 운수창고업, 음식숙박업, 교육서비스업, 개인서비스업 등 5대 서비스업에 자영업 종사자가 집중되어 있습니다.

최근 자영업자들은 그 어느 때보다 큰 도전에 직면해 있습니다. 온라인 플랫폼의 급속한 성장으로 전통적 오프라인 매장들이 큰 타격을 받고 있으며, 배달 플랫폼의 높은 수수료는 자영업자들의 수익성을 위협하고 있습니다. 여기에 상가 과잉 공급으로 인한 경쟁 심화, 소비자 트렌드의 빠른 변화는 생존을 더욱 어렵게 만들고 있습니다. 특히 코로나 19 이후 소비자들의 구매 패턴이 온라인으로 대폭 이동하면서,

많은 자영업자들이 큰 어려움을 겪고 있습니다.

저는 소상공인과 자영업자를 대상으로 한 강의와 컨설팅, 대학원 외식경영학 강의, 그리고 소상공인에 대한 정부지원사업의 심사위원 활동을 하면서 이분들이 현장에서 겪는 어려움을 가까이에서 지켜봐왔습니다. 우리나라에서 손꼽히는 서비스 전문가이자 현장 마케팅 고수이자 디지털 마케팅 전문가로서 저는 늘 고민했습니다.

시중에는 자영업 마케팅에 관한 많은 도서가 있지만, 대부분 SNS 마케팅에만 초점을 맞추거나 현장 경험담만을 소개하는 데 그치고 있습니다. 현실과 이론을 어떻게 접목하며, 이를 어떻게 활용할지에 관한 내용은 찾아보기 힘들었습니다. 특히 매장에서의 고객 응대와 고객 설득 화법은 찾아보기 힘들었습니다. 그것이 매출에 미치는 영향이 지대한데 말입니다. 제가 이 책을 쓰게 된 결정적인 이유가 바로 여기에 있습니다.

이 책의 가장 큰 특징은 대기업 마케팅과 차별화된, 소상공인만을 위한, 바로 써먹을 수 있는 실용적 마케팅 방법을 제시한다는 점입니다. 특히 전략보다는 전술에 초점을 맞췄습니다. 대기업이나 대형 점포들은 많은 시간과 비용을 들여 전략을 수립할 수 있지만, 소상공인은 디테일하고 민첩한 전술로 승부를 걸어야 합니다. 아이디어가 떠오르면 즉시 실행하고, 작은 변화도 신속하게 시도할 수 있는 것이 소상공인의 강점이기 때문입니다. 특히 디테일한 작은 변화를 통해 차별화된 경쟁력을 확보하는 것이 무엇보다 중요합니다.

이 책은 현장의 사례와 인터뷰를 통해 제기된 핵심 과제들을 이론적으로 풀어내고, 이를 실제 현장에서 어떻게 적용할 수 있는지에 초점을 맞췄습니다. 특히 시간이 부족한 자영업자와 소상공인들을 위해 생생한 현장 사례를 통해 핵심 포인트를 정리하고, 어느 업종이든 바로 실천 여부를 점검할 수 있는 '고수의 체크포인트'를 만들었습니다. 구구절절 장황한 설명 대신 간결하게 핵심적인 내용을 간추리는 데 많은 시간과 노력을 들였습니다.

이 책은 네 개의 챕터로 구성되어 있습니다. '이문이 아니라 사람을 남겨라'에서는 자영업 성공을 위한 기본기와 마케팅 마인드를 다룹니다. '마케팅에 디지털을 더하라'에서는 전통적 마케팅과 디지털 기술의 효과적 결합 방법을 소개합니다. '진정성으로 승부하라'에서는 진정성 있는 고객 서비스와 관계 구축 전략을 설명하며, '말 한마디로 매출이 달라진다'에서는 현장에서 즉시 활용 가능한 고객 설득 기술과 대화법을 제시합니다.

100+10은 110이 아니라 300, 400이 될 수 있습니다. 이 책에서 제시하는 방법들을 실천하고 10%의 노력만 더 기울인다면, 놀라운 변화를 경험하실 수 있습니다. 예를 들어, 방문객 수, 구매전환율, 평균 구매 금액을 각각 10%씩만 개선해도 순이익이 3배 이상 증가할 수 있습니다. 이것이 바로 작은 변화가 만드는 큰 차이입니다.

일본에는 '아키나이(商い)'라는 말이 있습니다. 이는 단순히 '장사'를 뜻하는 것이 아니라 '포기하지 않는다'는 의미도 담고 있습니다. 이 짧은 말 속에는 경쟁 속에서도 굴하지 않고, 오랜 시간에 걸쳐 꿋꿋

하게 자리를 잡으라는 깊은 지혜가 깃들어 있습니다. 결국 장사는 물건을 팔기 전에 마음과 신념을 먼저 파는 것이라는 진리를 담고 있습니다. 이 책이 여러분의 도전과 성장의 여정에 든든한 동반자가 되길 바랍니다.

마지막으로, 이 책이 나오기까지 도움을 주신 많은 분들께 감사드립니다. 기꺼이 인터뷰에 응해주신 여러 자영업자와 소상공인 여러분, 대학원 제자들, 정부지원사업을 통해 만난 분들의 사례와 경험담이 이 책의 토대가 되었습니다. 특히 한국서비스표준진흥원(KSSI) 김현철 원장님과 김시호 국장님의 조언이 큰 도움이 되었습니다. 원고를 다듬어주신 송혜은 대표님과 책의 출간을 위해 애써주신 올림의 이성수 대표에게도 깊은 감사를 드립니다. 이 책이 대한민국의 모든 자영업자와 소상공인들에게 실질적인 도움이 되기를 진심으로 기원합니다.

장정빈

소상공인의 든든한 길라잡이

우리나라 전체 사업체 중 소상공인과 자영업자의 비율은 95%가량을 차지하고 있습니다. 이는 단순한 숫자를 넘어, 한국 경제에서 소상공인과 자영업이 얼마나 중요한 역할을 하는지를 분명히 보여줍니다. 실제로 매장에서 고객을 직접 응대하고, 신제품을 개발하며, 치열한 경쟁 속에서 생존 전략을 고민하는 소상공인들은 우리 경제의 든든한 버팀목이라 할 수 있습니다.

그러나 현실적으로 많은 소상공인과 자영업자들은 '어떤 상품이나 서비스를 제공해야 할까?'라는 기본적인 고민에서부터, 소비자를 확보하고 유지하는 방법, 빠르게 변화하는 디지털 환경에서의 경쟁력 강화 방안 등 다양한 문제에 직면해 있습니다. 이처럼 변화무쌍한 시장 환경에서 살아남고 성장하기 위해서는 효과적인 마케팅 전략과 고객관리 노하우가 필수적입니다.

　이에 (사)한국서비스표준진흥원은 소상공인의 마케팅 역량 강화를 돕기 위해 다양한 지원사업을 펼치고 있습니다. 저희 기관은 산업통상 자원부 산하 비영리사단법인으로서, 서비스 산업의 표준화를 선도하고, 정부 정책에 부응하는 연구 개발(R&D)과 표준 개발을 통해 관련 산업을 체계적으로 육성 · 지원하는 역할을 수행하고 있습니다. 또한 기업 컨설팅, 인증 및 교육 사업을 운영하며, 중소벤처기업부와 소상공인시장진흥공단의 희망리턴패키지 재기사업(경영개선 · 재창업 지원) 등 다양한 정부지원사업을 주관하며 소상공인의 현장 고민을 해결하는 데 힘쓰고 있습니다.

　특히 희망리턴패키지 재기사업 과정에서 확인된 소상공인들의 가장 큰 고민은 '어떻게 하면 고객을 만족시키고, 매출 증가로 이어지는 실질적인 마케팅 전략을 세울 수 있을까?'라는 것이었습니다. 이에 따라, 실제 시장에서 검증된 실용적인 정보와 노하우를 담은 『고수의 장사법』과 같은 책이 절실하다고 판단했습니다. 이 책에서 다루는 49가지 핵심 내용을 검토하며, 그중 소상공인들이 즉시 실천할 수 있는 요소들을 엄선하여 저자에게 내용을 구성하도록 요청하였습니다. 이를 통해 현장과 이론을 아우르는 실용적인 지침서가 완성될 수 있었습니다.

저자 장정빈 교수는 우리나라 최고의 서비스 전문가로서, 소상공인 대상 강의 및 컨설팅, 대학원 강의, 정부 소상공인 지원사업 심사위원 등 풍부한 경험을 바탕으로 현장의 생생한 목소리를 담아냈습니다. 특히 고객 응대 및 설득 화법, 디지털 마케팅 전략 등 실무에 즉시 적용할 수 있는 구체적인 방법을 제시하고 있다는 점이 이 책의 가장 큰 강점입니다.

예를 들어, 러닝머신을 구매한 고객이 전원을 켜보지도 않고 "이 제품은 별로야, 살이 안 빠져"라고 불평하는 경우를 생각해볼 수 있습니다. 고객이 제품을 제대로 사용해보지 않았음에도 최종적인 평가는 판매자에게 돌아갑니다. 따라서 소상공인은 '어떻게 하면 고객이 제품이나 서비스를 올바르게 사용하고 그 효과를 체감할 수 있도록 도울까?'를 고민해야 합니다. 경영학자 피터 드러커(Peter Drucker)가 "마케팅의 목표는 판매를 불필요하게 만드는 것"이라고 말한 것처럼, 고객이 자발적으로 제품이나 서비스를 선택하고 만족할 수 있도록 유도하는 것이야말로 마케팅의 핵심입니다.

이러한 고객 지향적 마인드는 저희 진흥원의 핵심 가치이기도 합니다. 우리는 소상공인이 단순히 정부 지원금을 받아 단기적인 시도를 하는 것이 아니라, 성공 궤도에 오를 때까지 함께 고민하고 지원해야 한다고 믿습니다. 저와 (사)한국서비스표준진흥원은 『고수의 장사법』에서 제시하는 방법들이 현장에서 얼마나 효과적인지 잘 알고 있습니다. 이 책이야말로 소상공인들이 자신의 사업에 꼭 맞는 마케팅 전략을 쉽게 이해하고 실천할 수 있도록 돕는 든든한 길라잡이가 될 것입니다.

또한 바쁜 소상공인들이 핵심 내용을 보다 쉽게 파악할 수 있도록, 이 책을 기반으로 한 유튜브 콘텐츠 제작도 계획 중이라고 합니다. 현장의 생생한 사례와 실질적인 마케팅 전략을 영상으로 제공함으로써, 책과 함께 활용하면 더욱 큰 효과를 누릴 수 있을 것입니다.

마지막으로, 소상공인과 자영업자들의 눈높이에 맞춰 유용한 정보를 제공해주신 장정빈 교수님께 깊이 감사드립니다. 아울러 이 책의 출간을 위해 애써주신 출판사 관계자분들께도 감사의 말씀을 전합니다. 『고수의 장사법』이 우리나라 소상공인들의 사업 성장에 소중한 디딤돌이 되길 바라며, ㈜한국서비스표준진흥원 역시 이 책의 내용을 현장에 적용하고 확산하는 데 적극 협력할 것입니다. 감사합니다.

김현철
㈜한국서비스표준진흥원 원장

제1장

이문이 아니라 사람을 남겨라

[장사의 기본 & 비즈니스 마인드]

제2장

마케팅에 디지털을 더하라

[마케팅 성공 법칙 & 디지털 혁명]

제4장

말 한마디로 매출이 달라진다

[고객 설득의 심리학 & 매장 대화법]

이문이 아니라 사람을 남겨라

[장사의 기본 & 비즈니스 마인드]

끝까지
책임져라

"고객은 지금 어떤 문제를 겪고 있다는 것입니까? 우리는 어떤 서비스로 고객의 어떤 문제를 해결하겠다는 겁니까? 그것이 효과가 있다는 증거는 무엇입니까?"

한 소상공인 지원사업 심사장에서 발표를 10분이나 들었는데도 도통 사장님이 무슨 사업을 하겠다는 것인지 핵심을 잡을 수가 없었다. 거북목, 운동기구 판매, 운동 시스템, 요가강사 등의 단어가 계속 나왔지만 사업의 본질이 무엇인지를 파악하기 어려웠다. 그래서 사장님께 내가 질문한 내용이다.

이런 질문을 던진 이유가 있다. 소상공인과 자영업자가 가장 먼저 고민해야 할 것은 '우리의 제품이나 서비스가 과연 어떤 고객의, 어떤 문제를 해결해주느냐?'이기 때문이다. 가장 흔하게 발생하는 문제는,

고객이 제품·서비스를 구매하고도 제대로 사용하지 않아 효과를 못 느끼는 상황이다. '러닝머신을 사놓고도 전원 한 번 안 켜보는 사례'가 전형적이다. 그럼에도 고객 입장에서는 "러닝머신이 별로야, 살 안 빠져"라고 불평하기 쉽다. 고객 자신이 행동하지 않았기 때문이지만, 결국 평가는 해당 제품이나 서비스를 제공한 업체나 사장님에게 돌아온다. 따라서 구매로만 끝나는 것이 아니라, 고객이 실제로 제품·서비스를 적극 활용해 성과를 얻도록 돕는 과정까지 고민해야 한다. 이것이 바로 처음부터 끝까지 책임지는 고객지향적 마케팅이며, 고객만족 서비스 개념이다.

사장님은 내 말을 듣고 "거북목이나 나쁜 자세는 단순히 운동만으로는 해결되기 어려워요. 헬스장에서 하는 운동도 중요하지만, 집이나 직장에서 보내는 시간 동안의 자세 관리가 더욱 중요하죠. 그래서 저희는 회원님들에게 일상생활에서의 자세 교정 방법도 함께 알려드리고 있어요."라고 설명했다. 이것이야말로 내가 찾던 답이었다. 단순히 운동기구만 제공하는 것이 아니라, 고객의 생활습관까지 개선해주는 전문가로서의 역할을 하고 있었던 것이다.

이것이 마케팅적 사고의 핵심이다. '고객이 필요한 게 뭘까? 고객이 우리의 제품을 사야만 하는 이유가 뭘까?'를 끊임없이 고민하는 것이다. 이는 수요와 공급의 원칙이 존재하는 모든 곳에 적용되는 기본 원리라고 할 수 있다. 우리가 마케팅할 때 가장 흔히 저지르는 실수는 '상품' 자체에만 집중한다는 점이다. 시장에 존재하는 고객들의 문제는 무시한 채, 상품 자체에만 치우친 나머지 정말 좋은 상품인데도 빛을 보지 못하고 사라지는 경우를 수없이 보아왔다. "이거 진짜 좋은데 왜 안 팔렸는지 몰라"라는 말을 자주 듣는 이유가 바로 여기에 있다.

한 국내 학습지 출판업체를 운영하던 사장님은 처음에 학습지를 일 방적으로 팔고 '공부는 오로지 학생의 몫'이라고만 생각했다. 그 결과 학생들은 학습지를 사두고 풀지 않았고, 성적 향상 효과도 미미했으며, 결국 '돈만 날렸다'는 학부모들의 불만이 쌓여갔다. 하지만 이 사장님은 방식을 전환했다. 학습지 구독 이후 2주 단위로 문제 풀이 현황을 확인하고, 필요하면 방문 교사를 매칭해주었다. 또한 한 달마다 '작은 테스트'를 통해 우수자에게 선물을 지급하며 동기부여를 했다. 그 결과 학생들은 적극적으로 공부하게 되었고, 성적도 크게 향상되었다.

이처럼 마케팅적 사고란 단순히 좋은 제품을 만드는 것이 아니라, 고객의 문제를 해결하고 고객이 원하는 결과를 얻을 수 있도록 끝까지 책임지는 것이다. 학습지 사례에서 보듯이, 학부모와 학생이 원하는 것(성적 향상)과 필요한 것(학습 습관 형성)을 모두 제공할 때 비로소 진정한 성공이 가능하다. 이것이 바로 세상이 아무리 바뀌어도 변하지 않는 마케팅의 본질이다.

이러한 마케팅적 사고를 위한 실천사항과 체크포인트는 다음과 같다.

첫째, 30초 안에 문제 · 솔루션 · 증거를 전달하는 핵심 포인트를 확실히 잡아야 한다. 예를 들어 보험을 판매하는 자영업자라면 "대부분의 사람은 라이프스타일이 바뀌어도 보험을 제때 재검토하지 않습니다.(문제) 저는 바뀐 상황에 맞춰 보험을 재조정해드림으로써 예기치 못한 사고나 재해에서도 고객이 안심할 수 있도록 돕습니다.(솔루션) 실제로 지난주 한 고객님이 갑작스러운 도난 사건을 당했는데, 미리 보험을 업데이트해둔 덕분에 큰 손해 없이 보상을 받으셨습니다.(증거)"라고 설명할 수 있다.

둘째, 사용자경험(UX) 설계와 사후관리를 철저히 해야 한다. 고객이 제품·서비스를 접하고 실제로 사용하는 모든 접점을 종합적으로 점검해야 한다. 예를 들어 미용실을 운영하는 사장님이라면, '고객이 원하는 스타일이 뭔지 정확히 짚어주고, 시술 후 집에서 어떻게 관리하면 되는지'까지 안내하는 과정이 필수적이다. 동네 빵집이라면, 빵을 판매하는 데서 끝나는 게 아니라, 포장 박스에 빵을 보관·섭취하는 방법('베이글은 이렇게 데워 드시면 더욱 맛있습니다!') 등을 안내하거나, 레시피 팁을 SNS에 공유해 고객이 다양한 활용법을 알 수 있게 도와주어야 한다.

셋째, 단계별 행동 지침과 직관적인 안내를 제공해야 한다. 사람들은 작은 성공 경험을 통해 자신감을 얻게 되므로, 피트니스 센터라면 회원들에게 2주·4주·8주 단위로 몸의 변화를 확인할 수 있는 체크리스트를 제공한다. 또한 온라인 쇼핑몰에서는 제품 설명만 늘어놓기보다, 사용 영상·고객 리얼 후기·전후 비교 사진을 곁들여 '제품을 이렇게 사용하면 더 효과적입니다'라는 메시지를 직관적으로 보여주면 훨씬 설득력이 커진다.

이런 세심한 관리는 단순한 서비스 이상의 가치를 만든다. 고객이 제품이나 서비스를 통해 원하는 결과를 얻을 수 있도록 끝까지 책임지는 자세야말로 진정한 고객만족의 핵심이다.

마케팅의 본질은 고객의 문제를 해결해주면서, 진정으로 원하는 욕구도 충족시켜주는 것이다. 단순한 거래를 넘어, 고객이 제품이나 서비스를 올바르게 사용하도록 구체적으로 이끌어내고, 성공 경험을 제공하는 것이야말로 진정한 마케팅적 사고의 완성이다.

고수의 체크포인트

- 우리가 제공하는 제품이나 서비스를 30초 안에 문제 · 솔루션 · 증거로 명확하게 설명할 수 있는가?
- 고객이 우리 제품이나 서비스를 구매한 후에도 제대로 활용하고 만족할 수 있도록 도와주고 있는가?

고객이 말하지 않는
불편까지 찾아내라

"직원들이 바쁠 테니까 가게에 주문 전화가 오면 회사까지 과자나 음료를 배달해주겠습니다."

정부의 소상공인 지원사업인 '희망리턴패키지' 심사 과정에서 한 사업자가 사무실 밀집 구역 빌딩 지하에 과자 가게를 열겠다면서 이렇게 말했다. 단순한 판매 전략이었다. 그러나 이는 진정한 문제 해결이 아니었다.

나는 "사장님, 직장인이 주 고객일 텐데 그 빌딩의 회사들은 사장님 사업과 관련해서 어떤 골치 아픈 문제를 갖고 있을까요?"라고 물었다. 그리고 회사 탕비실 관리라는 숨겨진 문제를 지적했다. 직원 복지 차원에서 간식을 비치하는 회사들이 늘고 있지만, 이는 총무팀에게 큰 골칫거리가 되고 있다. 간식 부족, 탕비실 청결 유지, 허드렛일을 한다는 직원들의 불평 등 다양한 문제가 발생하기 때문이다.

나는 정기적 탕비실 청소와 간식 보충 서비스를 제안했다. 이는 단순한 과자 판매가 아닌, 회사의 실질적 페인 포인트(pain point)를 해결하는 혁신적 솔루션이었다. 회사 담당자의 업무 부담을 덜어주면서, 동시에 안정적 매출을 확보할 수 있는 비즈니스 모델이다.(페인 포인트란 '아픈 곳', '불편한 점'이라는 단어 그대로의 의미를 넘어 '충족되지 못한 소비자의 욕구', '소비자의 불만'을 의미한다.)

마케팅 전문가 필립 코틀러(Philip Kotler)는 "성공적인 비즈니스는 고객의 문제를 해결하는 것에서 시작된다"고 말했다. 소비자행동 연구가 매슬로우(Abraham Maslow)는 "모든 행동에는 충족되지 않은 욕구가 존재한다"고 했다. 이러한 '충족되지 않은 욕구'야말로 자영업자의 비즈니스가 해결해야 할 페인 포인트인 것이다.

스타벅스의 사이렌 오더는 관찰을 통한 페인 포인트 해결의 대표적 사례다. 고객들이 붐비는 아침과 점심시간의 긴 대기 줄로 인한 불편을 해결하기 위해 도입된 이 서비스는 전 세계 스타벅스 매장 중 우리나라에서 처음 시작되었다. 이는 단순한 기술 도입이 아닌, 고객의 시간이라는 페인 포인트를 정확히 파악하고 해결한 혁신 사례 중 하나다.

한 동네 빵집 사장님의 사례는 페인 포인트 해결이 어떻게 성공으로 이어지는지 잘 보여준다. 그는 근처 어린이집과 유치원 학부모들이 아이들 간식을 사러 매장에 올 때마다 주차 문제로 힘들어하는 것을 발견했다. 특히 비 오는 날이면 아이를 안고 우산을 쓴 채 빵을 고르는 게 무척 불편해 보였다. 그는 과감하게 배달 서비스를 시작했다. 매일 아침 신선한 빵을 정해진 시간에 배달하는 '어린이집 간식 정기 배달 서비스'를 시작한 것이다. 처음에는 두 곳이었던 거래처가 입소문을 타고 1년 만에 15곳으로 늘어났고, 매출은 250%나 증가했다.

특히 주목할 만한 것은 한 피트니스 센터의 혁신 전략이다. 이 센터는 고객들이 운동을 시작한 지 얼마 안 되어 동기를 잃고 회원권을 갱신하지 않는다는 심각한 문제에 직면했다. 상담을 통해 알아보니 '운동이 지루하다', '목표 달성이 어렵다', '혼자 하는 운동이 재미없다'는 의견이 대부분이었다. 센터는 이 문제를 해결하기 위해 게이미피케이션(gamification) 시스템을 도입했다. 운동 목표 달성 시 포인트를 적립해주고, 이를 회원권 할인이나 운동 용품 구입에 사용할 수 있게 했다. 회원들끼리 운동 기록을 공유하고 응원할 수 있는 커뮤니티 앱도 개발했다. 그 결과 회원 유지율이 70% 이상 증가했고, 신규 회원 유입도 크게 늘었다.

고객의 페인 포인트를 발견하려면 단순한 관찰을 넘어선 적극적 몰입과 분석이 필요하다. 강남의 한 미용실 원장의 방법론은 이를 잘 보여준다. 그는 매일 아침 30분 일찍 출근해 미용실 주변의 직장인들을 관찰했다. 특히 여성 직장인들이 점심시간에 미용실을 찾았다가 시간이 부족해 포기하고 돌아가는 모습에 주목했다.

그는 '관찰-기록-분석-실험'이라는 체계적 방법으로 접근했다. 먼저 고객들의 행동 패턴을 꼼꼼히 관찰하고 기록했다. 점심시간대 방문 고객의 요구사항, 포기하는 이유, 자주 듣는 불만 등을 기록했다. 이를 분석한 결과, 고객들은 1시간 안에 끝낼 수 있는 '퀵 스타일링' 서비스를 원한다는 것을 알아냈다.

이를 바탕으로 '런치 타임 익스프레스'라는 새로운 서비스를 실험적으로 시작했다. 드라이, 아이롱, 웨이브 등 40분 안에 끝낼 수 있는 메뉴만을 구성하여 예약제로 운영했다. 처음에는 하루 2~3명이었던 점심시간 고객이 한 달 만에 10명 이상으로 늘었다.

페인 포인트를 발견하기 위한 핵심적 실천 방법은 다음과 같다.

첫째, '왜?'라는 질문을 끊임없이 던져야 한다. 예를 들어 한 세차장 사장님은 "왜 고객들이 주말에만 몰릴까?"라는 의문에서 시작, 평일 퇴근 후 늦은 시간에도 세차를 할 수 있는 '24시간 무인 세차 서비스'를 도입했다.

둘째, 특정 고객층의 숨겨진 불편함에 주목해야 한다. 이는 '희망리턴패키지' 사업 심사 과정에서 만난 한 예비 창업자의 사례에서 잘 드러난다. 그는 여성들이 공중화장실 이용 시 위생에 대한 불안감을 느낀다는 점에 주목했다. 대부분의 남성들은 미처 생각하지 못했던 페인 포인트였다.

그는 이 문제를 해결하기 위해 휴대용 살균수 생성기를 개발했다. 카드처럼 얇은 디자인으로 가방이나 주머니에 쉽게 넣고 다닐 수 있게 만들어 버튼 한 번으로 즉시 살균수를 생성할 수 있게 했다. 특히 화학물질 대신 전극 이온 살균수와 특수(UV-C) 살균 기술을 활용해 안전성을 확보했다. 더 나아가 제품의 활용도를 높이기 위해 주방, 사무실 등 다양한 장소에서 사용할 수 있도록 설계했다.

이 사례는 특정 고객층의 페인 포인트를 해결하는 과정에서 고려해야 할 세 가지 핵심 요소를 보여준다. ① 고객의 실제 사용 상황을 구체적으로 상상할 것(휴대성, 즉시성) ② 안전성과 같은 기본적 요구사항을 충족할 것 ③ 활용성을 높여 제품의 가치를 극대화할 것이다.

셋째, 고객이 말하지 않는 불편함을 찾아야 한다. 서울의 한 제과점 사장님은 진열대 앞에서 망설이는 고객들을 관찰하다가, 칼로리 표시에 대한 니즈를 발견했다. 모든 제품에 칼로리를 표시하고 저당 옵션을 추가함으로써 건강을 중시하는 고객층을 새롭게 확보했다.

이러한 방법들은 단순한 관찰을 넘어 고객의 입장에서 생각하고, 체계적으로 문제를 발견하며, 해결책을 찾아내는 과정을 포함한다.

진정한 사업의 성공은 고객의 페인 포인트를 정확히 파악하고 이를 해결하는 데서 시작된다. 때로는 고객도 인식하지 못하는 불편함을 발견하고 해결하는 것이 비즈니스 혁신의 출발점이 될 수 있다. 작은 불편함의 해결이 큰 사업 기회가 될 수 있으며, 이는 단순한 매출 증대를 넘어 고객의 삶의 질을 높이는 진정한 가치 창출로 이어진다.

고수의 체크포인트

- 우리 고객들이 겪는 불편 중 아직 발견하지 못한 것은 무엇인가?
- 현재 제공하는 해결책이 고객의 진정한 페인 포인트를 해결하고 있는가?

고객에게 쪼잔하게
보이지 마라

"여러분, 음식점 입구에서 '구두는 각자 책임지고 보관하십시오. 잃어버린 구두는 책임지지 않습니다'라는 문구를 본 적이 있습니까?"

W투자증권의 전국 지점장들을 대상으로 강의하면서 이런 질문을 던졌다. 대부분이 고개를 끄덕였다. "그렇다면 이 문구를 고객의 관점에서 바꾸면 어떻게 될까요?" 잠시 후 한 지점장이 손을 번쩍 들었다. "구두 걱정하지 마시고 맛있게 식사하십시오. 구두는 저희가 안전하게 보관하겠습니다." 바로 이것이 정답이다.

며칠 후, 수강생 중 한 명이었던 방배동 고 지점장으로부터 감동적인 메일 한 통을 받았다. "장 상무님과 함께한 시간은 열광과 감동 그 자체였습니다. 저도 종종 사내외에서 강의를 할 기회가 있었지만, 이번 강의를 통해 정말 많이 반성하고 배웠습니다."

메일에는 한 장의 사진이 첨부되어 있었다. 용인 동백의 '24시 감자탕'이라는 식당 신발장에 붙어 있는 '신발 분실 시 절대 책임집니다'라는 문구가 선명했다. 이 식당의 사연이 특별했다. 원래 분당에서 줄을 설 정도로 유명했던 맛집이었는데, 건물주가 식당의 성공이 단지 건물의 위치 덕분이라 생각하고 무리하게 월세를 올렸다고 한다. 결국 젊은 부부는 동백의 평범한 상가로 자리를 옮겼다. 하지만 그곳에서 오히려 더 큰 성공 신화를 써내려갔다.

고 지점장은 메일 끝에 이런 말을 덧붙였다. "모르는 사람이 보면 그저 평범한 한 장의 사진일 뿐이지만, 아는 사람이 보면 이 부부의 성공 비결이 오롯이 담겨 있는 사진입니다." 그의 말대로였다. 진정한 성공은 좋은 위치나 화려한 인테리어가 아닌, 고객을 향한 믿음과 책임감에서 시작된다는 것을 보여주는 완벽한 사례였다.

이러한 성공사례는 고객과의 관계에서 가장 중요한 원칙을 잘 보여준다. 바로 공정성이다. 공정성 이론의 핵심은 단순하다. 손님은 자신이 낸 돈만큼 공정한 대우를 받고 있는지 민감하게 느낀다는 것이다. 식당에서 만 원을 내고 음식을 먹었다면, 그만큼의 가치와 서비스를 기대하는 것이 당연하다.

행동경제학자들은 고객의 선택을 제한하거나 강요하는 대신, 더 나은 선택을 할 수 있도록 환경을 만드는 것이 중요하다고 말한다. 스타벅스의 사례가 대표적이다. 많은 카페들이 '1인 1메뉴 필수' 또는 '콘센트 사용 금지' 같은 제한을 두는 반면, 스타벅스는 이런 제한을 두지 않는다. 결과적으로 높은 가격에도 불구하고 고객들의 편안한 휴식 공간으로 자리 잡았다.

이러한 관점에서 많은 가게들의 책임 회피성 문구는 다시 생각해볼 필요가 있다. 예를 들어 일반적인 세차장에서는 이런 문구를 흔히 볼 수 있다. '세차 중 발생하는 와이퍼, 사이드미러 등의 파손은 책임지지 않습니다.'

반면 고객 중심으로 접근한 한 프리미엄 세차장의 사례를 보자. 이 업체는 과감히 다른 길을 택했다. '고객님의 차는 저희가 책임지겠습니다. 혹시 발생할 수 있는 모든 파손은 저희가 배상해드립니다.' 이들은 처음부터 와이퍼 교체 비용을 세차 비용에 조금 반영했다. 행동경제학자 리처드 탈러의 연구에 따르면, 손님들은 처음부터 포함된 비용에는 거부감이 없지만, 나중에 추가로 청구되는 비용에는 강한 거부감을 느낀다고 한다. 실제로 이 세차장은 문제 발생 시 신속한 보상으로 오히려 고객 신뢰도와 재방문율을 높였다.

앞서 살펴본 사례들을 바탕으로, 실제 가게 운영에 적용할 수 있는 핵심 포인트들을 정리해보자.

첫째, 경고문구를 환영문구로 바꾸어라. '24시 감자탕'의 사례처럼 '신발 분실 시 절대 책임집니다'라는 문구는 고객에 대한 믿음과 책임감을 보여준다. '1인 1메뉴 필수' 대신 '편하게 머무르세요'라는 문구를 사용하는 것도 좋은 예다.

둘째, 예상되는 문제는 미리 비용에 반영하라. 프리미엄 세차장처럼, 발생할 수 있는 손실을 미리 서비스 가격에 조금씩 반영하는 것이 현명하다. 고객은 처음에 제시된 가격에는 덜 민감하지만, 나중에 추가되는 비용에는 매우 예민하게 반응한다.

셋째, 스타벅스처럼 고객의 자유로운 선택을 존중하라. 지나친 제한이나 통제는 오히려 매출을 떨어뜨린다. 예를 들어 '사진 촬영 금지' 대신 '자유롭게 촬영하세요'라고 하면 어떨까? 요즘 같은 SNS 시대에는 오히려 무료 홍보 효과를 얻을 수 있다.

마지막으로, 소수의 악용 사례에 너무 집착하지 말라. 일부 고객의 악용을 막기 위해 모든 고객에게 불편을 주는 정책은 피해야 한다. 대부분의 고객은 선의를 가지고 있다는 사실을 기억하자.

장사의 핵심은 고객과의 신뢰 관계를 쌓는 것이다. 고객을 악의적인 사람으로 보고 책임을 회피하려 하기보다, 과감히 책임지는 자세가 필요하다. 지금 당장은 손해처럼 보이더라도, 고객을 믿고 너그럽게 대하는 것이 장기적으로 더 큰 성공을 가져다준다.

고수의 체크포인트

- 우리 매장의 공지사항들이 고객을 감시하거나 통제하는 표현은 아닌가?
- 우리 매장의 정책이 소수의 악의적 고객 때문에 다수의 선량한 고객을 불편하게 하고 있지는 않은가?

당신의 진짜
경쟁자는 누구인가

외국계 기업의 임원으로 일할 때 직원 해외 연수를 맡은 적이 있다. 매년 몇 차례씩 연수단을 꾸려 외국에 보내던 중 코로나가 발생했다. 처음에는 연수를 잠시 중단했다가 이내 줌(Zoom)으로 대체했는데, 놀랍게도 교육 효과가 나쁘지 않았다. 시차만 고려하면 현지 전문가 섭외도 더 쉬웠고, 비행기를 탈 일도 없다 보니 비용은 10분의 1도 들지 않았다. 이때 깨달았다. 항공사의 진정한 경쟁자는 같은 업종의 다른 항공사가 아니라 줌과 같은 원격 회의 도구였던 것이다.

최근 소상공인 지원사업 심사위원으로 참여했을 때의 일이 떠오른다. 한 지원자가 광명에서 고3 수학 학원을 창업하겠다며, 인근에 경쟁 학원이 없다는 점을 누차 강조했다. 나는 "만약 학부모의 입장이라면, 집 근처 학원과 20분 거리의 목동 유명 학원 중 어디를 선택하시겠습니까?"라고 물었다. 요즘은 단순히 물리적 거리가 경쟁의 기준이 되지 않는다. 화상 과외, AI 학습 앱, 유명 강사의 인강까지, 교육 시장의 경쟁은 이미 지역의 경계를 넘어섰다.

이는 마치 나이키의 최대 경쟁자가 아디다스가 아닌 닌텐도인 것과 같은 이치다. 두 회사는 아이들의 소중한 시간과 관심을 놓고 경쟁하기 때문이다. 현대의 경쟁은 동종 업계를 넘어 고객의 시간과 지갑을 놓고 전혀 다른 영역과도 벌어진다. 우리 주변의 진정한 경쟁자는 배달 플랫폼, 편의점, 무인 매장, 심지어 재택근무까지 모든 것이 될 수 있다.

이처럼 오늘날 자영업의 경쟁 구도는 완전히 바뀌어버렸다. 단순히 같은 상권 내 경쟁 업체를 넘어, 고객의 시간과 관심을 차지하기 위한 총체적 경쟁으로 확장된 것이다. 이를 잘 보여주는 것이 바로 '시간점유율 경쟁'이다. 예를 들어, 영화관과 패밀리 레스토랑은 얼핏 보면 다른 업종이지만, 실제로는 고객의 '주말 저녁 2시간'을 놓고 치열하게 경쟁한다.

서로 비슷한 욕구를 충족시키는 다른 상품이나 서비스와의 '대체재 경쟁'의 전형적인 예가 맥도날드다. 해피밀 세트에 디즈니 캐릭터나 인기 애니메이션 장난감을 함께 제공하면서 단순한 햄버거 가게가 아닌 '장난감 가게'로 변신하여, 아이들의 놀이 시간까지 점유하는 전략을 택했다. 이는 식품업계를 넘어 완구업계와의 경쟁으로 시장을 재정의한 사례다. 또한 역전다방의 몰락은 '기능적 대체재'의 영향력을 보여준다. 과거 다방은 약속 장소를 정하거나 누군가를 기다리는 중요한 만남의 장소였지만, 휴대폰이라는 새로운 통신 수단이 전통적 만남의 장소였던 다방의 핵심 가치를 완전히 대체한 것이다.

몇 년 전의 명동의 사례는 '동선 경쟁'이라는 새로운 개념을 보여준다. 회현고가 철거 후 설치된 횡단보도를 둘러싼 갈등은 단순한 보행 편의성의 문제가 아니다. 지하상가 상인들에게 지하도는 단순한 통로가 아닌 '강제된 동선'을 통한 고객 확보 수단이었다. 횡단보도 설치는 이러한 '동선 독점'의 붕괴를 의미했고, 이는 영등포역 등 다른 지역의 지하상가 몰락 사례에서도 확인된다.

이처럼 현대의 자영업자들은 경쟁의 정의를 새롭게 이해해야 한다. 경쟁은 더 이상 같은 상품이나 서비스를 제공하는 동종 업체 간의 대결이 아니다. 고객의 시간, 관심, 동선, 지갑을 차지하기 위해 벌이는 모든 형태의 대체 활동과의 싸움이다. 무인 키오스크, 배달 플랫폼, 온라인 서비스 등 새로운 형태의 경쟁자들이 계속해서 등장하는 현실에서, 이러한 포괄적 경쟁 개념을 이해한다는 것은 자영업자들에게 중요한 조건이 되어버렸다.

앞서 살펴본 시간점유율 경쟁과 동선 경쟁 사례들은 자영업자들에게 새로운 도전 과제를 제시하고 있다. 이러한 변화된 경쟁 환경에서 성공하기 위해 다음 사항들을 반드시 고려해야 한다.

첫째, 경쟁 분석의 범위를 확장해야 한다. 더 이상 동종 업계만을 경쟁자로 보는 좁은 시각으로는 생존할 수 없다. 고객의 시간과 관심을 빼앗아 갈 수 있는 모든 대체재를 파악하고, 이에 대응하는 전략을 고민해야 한다. 예를 들어 식당을 운영한다면, 주변 식당뿐 아니라 편의점, 배달앱, 심지어 재택근무 트렌드까지 고려해야 한다.

둘째, 고객의 동선과 시간 사용 패턴을 면밀히 분석해야 한다. 명동 지하상가 사례에서 보듯, 고객의 동선 변화는 매출에 직접적 영향을 미친다. 따라서 상권 분석 시 유동인구의 숫자뿐 아니라, 그들의 이동 경로와 시간대별 행동 패턴까지 파악해야 한다.

셋째, 플랫폼화와 무인화 추세에 대한 전략적 대응이 필요하다. 전통적 세탁소가 플랫폼 서비스로 대체되고, 무인 자판기, 무인 스튜디오 등이 늘어나는 현상은 새로운 경쟁 구도를 만들어내고 있다. 이러한 변화에 대응하여 기존 사업을 혁신하거나, 때로는 과감하게 사업 모델을 전환하는 것을 고려해야 한다.

마지막으로, 단순한 제품이나 서비스 차별화를 넘어 '시간 가치'를 높이는 전략을 고민해야 한다. 맥도날드가 해피밀을 통해 식사 공간을 놀이 공간으로 확장했듯이, 고객이 매장에서 보내는 시간을 어떻게 더 가치 있게 만들 것인지 고민해야 한다. 무인화 트렌드 속에서도 인간적 가치를 제공할 수 있는 차별화 포인트를 찾아야 한다.

이러한 새로운 접근은 결국 자영업의 생존과 직결된다. 변화된 경쟁 환경을 이해하고, 이에 맞춰 사업 전략을 조정하는 것이 그 어느 때보다 중요해졌다. 맥도날드가 장난감 가게가 되고, 역전다방이 휴대폰에 밀리며, 지하상가가 횡단보도와 경쟁하는 시대에 여전히 주변 가게만을 경쟁자로 여기는 것은 '철부지'나 다름없다.

'철(節)'은 계절을, '부지(不知)'는 알지 못한다는 뜻이다. 마치 가을에

씨를 뿌리면 겨울 추위에 싹이 죽어버리듯, 계절의 변화를 모르는 것이 철부지다. 오늘날 자영업 시장에서 경쟁 환경의 변화를 읽지 못하는 것도 계절을 모르고 농사짓는 것과 같다.

고수의 체크포인트

- 오늘 하루 우리 가게의 고객들이 보낸 시간을 빼앗아 간 경쟁자는 누구였는가?
- 우리 매장 주변에서 발생하고 있는 새로운 경쟁(동선 변화, 무인 매장, 플랫폼)은 무엇인가?

이문이 아니라
사람을 남겨라

"아까 '장사는 사람을 남기라'고 하셨는데, 이것은 '재방문'을 말씀하시는 건가요?"

Y대 외식경영자 과정에서 특강이 끝난 후, 한 사장님이 내게 한 질문이다. 나는 "물론 재방문을 위한 것이지만, 정확하게는 '고객의 생애 가치(LTV)'를 강조한 것입니다"라고 답하며, 생애 가치의 의미를 설명해주었다.

"강남역에서 떡볶이 가게를 운영하는 김 사장님의 이야기입니다. 김 사장님의 수익률은 30%였습니다. 어느 날 한 커플이 맵기 1단계 떡볶이를 주문했는데, 실수로 더 매운 단계로 만들어 제공했죠. 고객이 '너무 맵다'고 항의하자, 김 사장님은 이런 결정을 내립니다. 1만 원짜리 떡볶이 값을 받지 않았을 뿐만 아니라, 5천 원 할인 쿠폰까지 제공한 것입니다. 결과적으로 15,000원의 손실이 발생했지만, 이 커플은 감동받아 10번이나 재방문했습니다. 단기적 손실은 추가 매출로 충분히 메워졌고, 오히려 순이익을 남겼습니다.

이 사례는 LTV를 높이기 위해 과감한 보상을 한 전략으로 모든 기업의 목표는 바로 이 LTV를 높이는 것입니다." 이어서 나는 최인호 작가의 『상도』에 나오는 거상 임상옥의 말을 인용했다. "상업이란 이익을 추구하는 것이 아니라 의를 추구하는 것입니다. 소인은 장사를 통해 이윤을 남기지만, 대인은 무역을 통해 사람을 남깁니다. 요즘 말로 하면, 이것이 바로 고객 생애 가치를 높이는 전략입니다."

여기서 고객 생애 가치(Customer Lifetime Value, CLV)란 한 고객이 평생 우리 가게에 가져다줄 수 있는 총이익을 의미한다. 이는 단순한 마케팅 개념을 넘어 자영업의 성패를 좌우하는 핵심 요소다. 고객 생애 가치를 높이면 세 가지 큰 효과를 얻을 수 있다.

자영업자가 고객 생애 가치를 높이면 얻을 수 있는 효과는 명확하다. 만족한 고객은 꾸준히 재방문하면서 안정적 매출을 만들어낼 뿐만 아니라 자연스럽게 주변에 입소문을 내면서 신규 고객까지 유치해준다. 결국 만족한 고객 한 사람이 가게의 지속적인 성장을 이끄는 선순환을 만들어내는 것이다.

고객 생애 가치는 간단한 공식으로 계산할 수 있다. 예를 들어, 우리 동네 카페에서 한 고객이 매달 평균 10만 원을 소비하고(고객당 평균 매출, ARPU), 이탈률이 10%라고 가정해보자. 이때 이 고객의 생애 가치는 'ARPU ÷ 이탈률', 즉 '10만 원 ÷ 0.1 = 100만 원'이 된다. 이는 한 명의 단골고객이 우리 가게에 가져다줄 수 있는 장기적 가치가 100만 원임을 의미한다.

따라서 고객 생애 가치를 높이는 방법은 크게 세 가지가 있다. 첫째, 고객만족도를 높여 이탈률을 줄이는 것이다. 둘째, 프리미엄 제품이나 추가 서비스를 제공하여 고객당 평균 매출을 늘리는 것이다. 셋째, 고객이 매장에 더 오래 머물도록 유도하여 구매 빈도를 높이는 것이다. 이는 '장사는 이문을 남기는 것이 아니라 사람을 남기는 것'이라는 옛 상인의 지혜와도 일맥상통한다.

고객 생애 가치를 높이기 위해 실천해야 할 사항은 다음과 같다.

첫째, 셀러(Seller)가 아닌 헬퍼(Helper)가 되어라. 단순히 물건을 파는 것이 아니라, 고객의 문제를 진정성 있게 해결해주는 자세가 중요하다. 요즘 매장을 둘러보면 고객의 문제를 해결하고 도와주려는 자세보다는 돈만 벌겠다는 판매원들이 너무 많이 눈에 띈다. 고객은 우리가 단순히 물건을 팔려고 하는지, 아니면 진정으로 도움을 주려 하는지를 금방 알아채며, 이는 장기적 고객 관계 형성에 결정적 영향을 미친다.

둘째, 맞춤형 서비스를 제공하라. 고객의 선호도를 기억하고 개인화된 경험을 제공함으로써 고객이 특별한 대우를 받고 있다고 느끼게 해야 한다. 한 카페는 단골고객의 취향을 기억하고 맞춤형 음료를 추천하면서 높은 재방문율을 달성했다.

셋째, 불만 고객을 단골로 전환하는 전략을 활용하라. 불만을 가진 고객은 적절히 대처할 경우 오히려 가장 충성도 높은 고객이 될 수 있다. 한 스테이크 전문점은 부부가 주문한 스테이크의 굽기가 잘못되었을 때, 이미 반 정도 먹은 상황이었는데도 새로 스테이크를 제공했고, 20만 원 상당의 음식값을 받지 않았다. 이는 앞서 설명한 LTV를 높이기 위한 과감한 투자였고, 실제로 이 고객은 이후 지인들과 함께 여러 차례 재방문했다.

넷째, 직원 교육이 중요하다. 나는 직원들에게 항상 강조한다. "한 명의 고객만 보지 말고, 그 고객 주위에 있는 많은 사람들을 생각하라. 한 명의 고객을 잃으면 그 뒤에 숨어 있는 수많은 가능성까지 잃는 것이다." 이런 인식을 바탕으로 직원들이 고객을 내보내기 전에 항상 세심하게 챙기도록 교육하라.

다섯째, 디지털 채널을 활용해 지속적으로 소통하라. SNS나 문자 메시지를 통해 새로운 제품과 할인 정보를 공유하고, 고객과의 관계를 꾸준히 유지해야 한다. 이처럼 진정성 있는 소통과 서비스를 실천하는 매장들은 장기적으로 안정적 성장을 이어가고 있다.

장사는 이문을 남기는 것이 아니라 사람을 남기는 것이다. 당장의 매출보다는 고객과의 장기적 신뢰 관계를 구축하여 지속가능한 성장을 이뤄내는 것이 중요하다. 고객 생애 가치를 높이는 것은 선택이 아닌 필수이며, 이는 고객을 단순한 구매자가 아닌 함께 성장할 파트너로 여기는 마음가짐에서 시작된다.

비즈니스 모델이
중요한 이유

"비즈니스 구조가 어떻게 되시나요?"

자영업이나 소상공인들의 컨설턴트로 일하면서 나는 첫 미팅에서 항상 이렇게 묻는다. 사업의 성패를 가르는 가장 중요한 질문인데, 대부분의 사장님들은 이 질문에 당황한다. 실제로 내가 컨설팅했던 한 분식점은 매출이 저조했다. 비즈니스 모델을 분석해보니 문제의 원인이 명확했다. 인근 고등학교 학생들을 타깃으로 하는 분식점이었지만, 가격대는 성인 직장인 수준이다. 우리는 먼저 돈이 어떻게 들어오고 나가는지를 정확히 파악하고 나서 메뉴 구성과 가격대를 조정하고, '학생 특별 세트'를 만들었다. 그 결과 매출이 3개월 만에 2배로 늘었다.

"여러분, 장사는 감으로 하는 게 아닙니다. 누구에게, 어떤 가치를, 어떻게 전달할 것인지 명확히 해야 합니다."

자영업자 대상 강의에서 내가 늘 강조하는 내용이다. 특히 한 카페의 사례는 수강생들의 큰 공감을 얻었다. 이 카페는 평범한 주택가에서 월 2천만 원의 매출을 올렸는데, 비결은 시간대별로 확실히 구분된 비즈니스 모델이었다. 아침에는 출근하는 직장인들을 위한 모닝커피 세트, 낮에는 인근 주부들을 위한 브런치와 디저트, 저녁에는 퇴근길 직장인들을 위한 수제 맥주를 판매했다. 이처럼 명확한 비즈니스 모델은 마케팅의 방향을 정확히 제시해준다.

스위스의 경영학자 알렉산더 오스터왈더(Alexander Osterwalder)는 비즈니스 모델의 핵심을 '가치 제안'이라고 말한다. '가치 제안'이란 쉽게 말해 '우리 가게가 고객에게 제공하는 특별한 가치'를 의미한다. 비즈니스 모델이 사업 전체의 큰 그림이라면, 가치 제안 캔버스는 그중에서도 고객에게 제공하는 가치와 이를 실현하는 방법을 구체화하는 도구라고 할 수 있다.

가치 제안 캔버스를 활용해 놀라운 변화를 이뤄낸 서울의 한 치킨집 사례를 보자. 그들은 먼저 고객의 '불편함'을 분석했다. 1인 가구는 치킨 한 마리를 다 먹기 부담스럽고, 남으면 버리자니 아깝다는 것이었다. 여기서 그들은 '부담 없이 혼자서도 즐길 수 있는 반 마리 치킨'이라는 가치를 제안했다. 더불어 배달 앱으로 주문 채널을 단순화하고, 포장 용기는 전자레인지에 바로 데워 먹을 수 있는 것으로 바꿨다.

또 다른 사례로 경기도의 한 카페는 '바쁜 직장인을 위한 10분 브런치'라는 가치를 제안했다. 30분 이상 걸리는 조리 시간이 단점이라는 점을 파악했기 때문이다. 그들은 캔버스를 통해 고객의 니즈를 정확히 분석하고, 이에 맞춘 가치를 제안했다. 그 결과 평일 점심 매출이 2배 이상 증가했다.

이처럼 비즈니스 모델과 가치 제안 캔버스는 막연한 사업 계획을 구체적인 실행 전략으로 바꿔주는 대단히 실용적인 도구다. 비즈니스 모델은 고객 세그먼트, 가치 제안, 채널, 고객 관계, 수익원, 핵심 자원, 핵심 활동, 핵심 파트너십, 비용 구조라는 9가지 핵심 요소로 구성된다. 그중에서도 가치 제안은 비즈니스의 심장부와 같다. 가치 제안 캔버스는 이 심장부를 더욱 체계적으로 설계하고 발전시키는 데 도움을 준다.

성공적인 비즈니스 모델을 설계하고 실행하기 위한 핵심 전략은 다음과 같다.

첫째, 타깃 고객을 명확히 정의하라. 앞서 소개한 치킨집처럼 '혼자 사는 1인 가구'와 같이 구체적으로 설정해야 한다. 모든 사람을 대상으로 하는 것은 결국 아무도 만족시키지 못하는 결과를 낳는다. '이 동네 맞벌이 30대 부부'처럼 명확한 타깃을 잡아야 효과적인 가치를 제안할 수 있다.

둘째, 고객의 진짜 문제를 발견하라. 10분 브런치 카페의 사례처럼, 표면적인 니즈가 아닌 숨겨진 불편함을 찾아야 한다. 단순히 '맛있는 브런치'가 아닌 '바쁜 점심시간에도 여유롭게 즐길 수 있는 빠른 브런치'처럼 구체적인 문제 해결이 필요하다.

셋째, 수익 모델을 최적화하라. 앞서 본 카페 사례처럼 시간대별로 다른 고객층을 공략하는 것도 좋은 방법이다. 아침의 모닝커피 세트,

점심의 브런치, 저녁의 수제 맥주처럼 하루 중 서로 다른 수익원을 만들어 매출을 극대화할 수 있다.

넷째, 지속적으로 비즈니스 모델을 개선하라. 분식점 사례에서처럼, 현재의 모델이 효과적이지 않다면 과감한 변화가 필요하다. 고객 피드백을 꾸준히 수집하고, 시장 변화를 주시하며, 경쟁업체의 동향을 파악해 나만의 차별화된 가치를 계속해서 발전시켜야 한다.

이러한 핵심 포인트들은 서로 유기적으로 연결되어 있다. 타깃 고객이 명확해야 진짜 문제를 발견할 수 있고, 문제 해결을 통해 수익을 창출할 수 있으며, 이를 지속적으로 발전시켜야 장기적 성공이 가능하다.

성공적인 자영업의 시작은 탄탄한 비즈니스 모델에서 출발한다. 가치 제안, 고객 관계, 수익 구조 등을 체계적으로 설계하고 실행할 때 지속가능한 성공을 이룰 수 있다. 좋은 비즈니스 모델은 단순히 "장사를 잘하고 싶다"는 막연한 바람을 구체적 실행 계획으로 바꿔주는 실용적 도구다.

고수의 체크포인트

- 우리 가게만의 차별화된 가치는 무엇인지, 가치 제안 캔버스를 통해 정리해보았는가?
- 비즈니스 모델의 9가지 구성요소 중 우리 가게의 가장 취약한 부분은 무엇인가? 이를 보완하기 위한 계획이 있는가?

숫자가 모든 것을
말해준다

"중국에서 명품 지팡이를 수입해서 온라인으로 판매하고 싶은데, 어떻게 시작하면 좋을까요?"

한 예비 창업자가 상담을 요청했다. 나는 30여 년간의 은행 근무 경험을 떠올리며 질문했다. "사장님의 사업이 성장하는지 판단할 구체적인 수치는 무엇인가요?" 그가 망설이며 답했다. "글쎄요… 아직 구체적으로는…"

나는 곧바로 그의 사업계획서를 펼쳐보았다. 화려한 제품 소개와 시장 전망은 있었지만 정작 중요한 숫자들은 찾아볼 수 없었다. 내 경험상 사업의 성장을 측정하는 방법은 은행 지점 운영과 비슷했다. 은행은 '고객 수', '고객당 상품 가입 수', '상품당 마진율'을 곱해 이익을 산출한다. 온라인 쇼핑몰도 마찬가지다.

"숫자가 모든 것을 말해줍니다. 사장님의 사업도 세 가지 핵심 지표로 성패가 결정됩니다. 방문자 수, 구매전환율, 평균 구매액입니다. 오늘은 이 구체적인 수치를 통해 사장님의 사업이 얼마나 큰 잠재력을 가졌는지 분석해보겠습니다."

이러한 수치기반 접근법을 통해 중국산 접이식 명품 지팡이의 실제 판매 데이터를 살펴보자. 이 제품은 가볍고 단단하며, 접었을 때 부피가 작아 휴대가 용이하다. 고급스러운 디자인과 패키징으로 '명품' 이미지를 구현했다. 현재 월 2,000명의 방문자가 있고, 이 중 10%인 200명이 구매로 이어지며, 평균 구매액은 7만 원이다. 월 고정비용은 1,200만 원이다.

이제 세 가지 핵심 지표를 각각 10%씩 개선했을 때의 변화를 수치로 확인해보자. 방문자가 2,200명(10%↑)으로 늘고, 전환율이 11%(10%↑)로 상승하면 실제 구매자는 242명이 된다. 여기에 평균 구매 금액이 7만 7천 원(10%↑)으로 증가하면, 월 매출은 1,863만 4천 원으로 껑충 뛴다. 고정비용 1,200만 원을 제외하면 순이익은 663만 4천 원. 놀랍게도 각 지표의 작은 개선으로 순이익이 기존 200만 원에서 3배 이상 증가한 것이다.

아래 표에서 보듯, 작은 개선이 만드는 시너지 효과는 실로 놀랍다.

그럼 명품 지팡이 사례를 통해 각 지표의 구체적인 개선 방안을 살펴보자. 먼저, 방문자 수를 늘리기 위해서는 '가벼운 명품 지팡이'라는 키워드로 검색엔진 최적화를 진행하고, 50대 이상 시니어 타깃 SNS 광고를 집중적으로 운영한다. 전환율을 높이기 위해서는 실제 사용자의

구분	개선 전	개선 후(10% 향상)
월 방문자 수	2,000명	2,200명
전환율	10%	11%
구매자 수	200명	242명
평균 거래금액	70,000원	77,000원
총매출	14,000,000원	18,634,000원
고정비용	12,000,000원	12,000,000원
순이익	2,000,000원	6,634,000원

개봉기와 사용 후기를 상세페이지 상단에 배치하고, '30일 무료 반품, 1년 무상 A/S' 등 구체적 보증 정책을 제시한다.

평균 구매액을 올리기 위해서는 지팡이 파우치, 미끄럼 방지 캡 등 액세서리를 묶어 '프리미엄 패키지'로 구성하고, 구매 고객을 위한 VIP 케어 서비스를 마련한다. 특히 첫 구매 고객에게 추가 액세서리 20% 할인 쿠폰을 제공하여 재구매를 유도한다. 이러한 구체적 전략들을 실행하면서 매일 세 가지 지표의 변화를 기록하고, 주 단위로 효과를 분석하여 전략을 보완해나가야 한다.

'숫자가 모든 것을 말해준다'는 말은 결코 과장이 아니다. 매달 정기적으로, 혹은 더 짧은 주기로라도 관심고객 수, 전환율, 평균 구매액을 체크하고, 이 지표들을 조금씩만 개선해나간다면 최종 순이익은 폭발적으로 늘어날 수 있다. 사업 규모나 업종과 상관없이 적용되는 원리이므로, 소상공인이라면 지금 당장 내 가게의 핵심 지표부터 눈여겨보길 권한다.

이처럼 작은 차이가 모여 큰 결과를 만들어낸다. '큰 문도 작은 경첩에 의해 열린다'는 옛말처럼, 내 사업의 '방문자', '구매전환율', '평균 결제액'이라는 작은 경첩들을 부드럽게 움직여보자. 스티브 잡스의 말처럼 "당신이 하는 일을 누군가 알아봐주길 기다리지 말고, 먼저 숫자로 증명하라." 지금이 바로 당신의 사업을 숫자로 재정의할 때다.

한 번 더 강조하지만, 지금 당장 할 수 있는 일은 '내 사업의 주요 지표를 정확히 측정하는 것'이다. 그래야만 비용 대비 효과를 가늠할 수 있고, 어떤 부분을 바꿨을 때 매출이 오르는지 명확히 알 수 있다. '측정 → 개선 → 다시 측정' 과정을 반복하면, 지팡이 판매 사업은 물론, 어떤 제품이나 서비스를 다루는 경우에도 뛰어난 성과를 거둘 가능성이 높아진다.

고수의 체크포인트

- 매일 세 가지 핵심 지표를 체크하고 기록하고 있는가?
- 각 지표별 개선 목표를 구체적으로 설정했는가?

사람의 기척을
디자인하라

"손님이 없을 때는 어떻게 해야 하나요?"

자영업 마케팅 컨설턴트로 일하면서 자주 받는 질문이다. 나는 항상 이렇게 대답한다. "손님이 없어 보이는 것이 문제죠. 실제로 없는 것보다 더 큰 문제죠." 내가 이렇게 말하는 데는 그럴 만한 이유가 있다.

사람들은 정보가 부족할 때 '어림짐작'으로 판단한다. 식당 앞에 줄이 길게 서 있으면 '맛있는 집이겠구나', 카페에 사람들이 북적이면 '분위기 좋은 곳이겠네' 하는 식이다. 이는 단순한 추측이 아니라 인간의 본능적 판단 방식이다. 행동경제학에서는 이를 '휴리스틱'이라 부른다.

실제로 내가 컨설팅했던 한 식당은 매출이 아주 저조했다. 그런데 직원들에게 잠깐씩 돌아가며 손님처럼 앉아 있게 했더니 조금씩 변화가 시작됐다. 지나가는 사람들이 "저기 손님이 있네?" 하며 들어오기 시작한 것이다. '사람의 기척', 즉 매장에 사람이 있음을 짐작하게 하는 분위기가 만들어지자 실제 손님으로 이어진 것이다. 이처럼 장사의 성패는 종종 실제 맛이나 서비스의 질보다, 그곳이 '인기 있어 보이는가'에 달려 있다. 이것이 바로 내가 강조하는 '사람의 기척 마케팅'의 핵심이다.

자영업자 대상 강의에서 나는 늘 강조한다. "여러분, 손님이 북적이는 모습이야말로 최고의 광고입니다." 특히 한 미용실의 사례는 수강생들의 큰 공감을 얻었다. 원장은 한산한 시간대에 단골손님들에게 무료 트리트먼트를 제공하며 매장에 더 오래 머물게 했고, 그 결과 자연스럽게 새로운 손님이 유입되기 시작한 것이다.

이처럼 매장의 분위기가 새로운 고객을 끌어들이는 이치는 '사회적 준거'의 법칙에 해당된다. 설득 심리학의 대가인 로버트 치알디니는 사람들이 다른 사람들의 행동을 참고해 의사결정을 한다는 '사회적 증거의 법칙'을 주장했다. 특히 불확실한 상황에서는 다수의 선택을 따르는 경향이 강하다고 설명한다. 이러한 원리는 홈쇼핑 채널의 한 사례에서 극명하게 드러났다. 한 PD는 "상담원이 기다리고 있습니다"라는 문구를 "상담원이 지금 굉장히 바쁘네요"로 바꾸었다. 얼핏 보면 별것 아닌 변화였지만, 결과는 놀라웠다.

"상담원이 기다리고 있다"는 문구는 한가하게 시간을 때우는 직원들의 모습을 연상시켰다. 반면 "상담원이 바쁘다"는 표현은 전화가 끊임없이 울리는 인기 상품의 이미지를 만들어냈다. 시청자들은 무의식적으로 '많은 사람들이 구매하는 제품이니 좋은 물건일 것'이라고 판단했고, 바로 구매로 이어졌다.

　이는 미국 소매점 코즈니의 계산대 사례와도 일맥상통한다. 이 매장은 계산대를 줄여 의도적으로 줄을 만들었고, 그 결과 매출이 증가했다. 사람들이 줄을 서서 기다리는 모습을 보고 "저렇게 붐비는 걸 보니 좋은 물건이 많나 보다"라고 생각하게 한 것이다.

　이처럼 '사람의 기적'은 단순한 분위기 조성을 넘어 실제 매출로 이어지는 핵심 전략이다. 사람들은 본능적으로 다른 이들이 선택한 것을 신뢰하며, 이는 온라인과 오프라인을 막론하고 동일하게 적용되는 원리이다.

　'사람의 기적'을 효과적으로 만들기 위한 실천 전략은 다음과 같다.

　첫째, 가시성 높은 공간을 적극 활용하라. 식당의 경우 창가 자리나 입구가 보이는 테이블에 우선적으로 손님을 배치한다. 카페라면 테라스나 통유리창 근처에 고객을 앉히는 것이 효과적이다.

　둘째, 직원들의 동선을 전략적으로 설계하라. 한산한 시간대에도 직원들이 분주히 움직이며 활기찬 분위기를 연출하는 것이 좋다. 테이블을 정리하거나 매장을 청소하는 모습도 기적을 만드는 중요한 요소다.

　셋째, 소리와 움직임을 적절히 활용하라. 적당한 배경음악과 함께 주방에서 음식 만드는 소리, 직원들의 활기찬 대화 소리 등이 매장에 생동감을 더한다. 너무 조용한 순간을 만들지 않는 것이 핵심이다.

　넷째, 피크타임을 전략적으로 만들어라. 특정 시간대 할인이나 이벤트를 통해 의도적으로 손님이 몰리는 시간대를 만든다. 이렇게 만들어진 붐비는 모습은 자연스럽게 다른 시간대의 손님까지 유인하는 효과가 있다.

마지막으로 SNS를 통한 기적 만들기도 중요하다. 매장이 가장 붐비는 순간을 사진과 영상으로 남겨 SNS에 공유한다. '오늘도 문전성시!', '점심 대박!' 등의 멘트로 인기를 강조할 수 있다.

장사의 성패는 '사람의 기적'을 얼마나 효과적으로 만들어내느냐에 달려 있다. 단순히 손님이 많은 척하는 것이 아니라, 전략적으로 매장의 활기를 디자인하고, 이를 고객들에게 자연스럽게 보여주는 것이 핵심이다. 결국 성공적인 자영업은 고객의 심리를 이해하고, 이를 바탕으로 실질적 가치와 함께 '인기 있는 매장'이라는 이미지를 동시에 제공하는 것에서 출발한다.

고수의 체크포인트

- 직원들에게 '사람의 기적'의 중요성을 이해시키고, 한산한 시간대의 행동 수칙을 만들어 실천하고 있는가?
- 매장의 테이블과 좌석 배치가 '사람의 기적'을 극대화하는 방향으로 설계되어 있는가?

고객은 당신의
가게를 모른다

"식당 연 지 6개월이 지났는데 매출이 늘지 않아요. 유동인구는 많은데도 손님이 잘 들어오지 않네요."

최근 강원도의 어느 등산로 입구에 있는 한 식당을 컨설팅했을 때 사장님이 털어놓은 고민이다.

나는 매장 앞에 서서 사장님에게 물었다. "사장님, 지금 이 간판을 보고 지나가는 등산객들이 이곳이 어떤 곳인지 알 수 있을까요? 'ㅇㅇ 산장'이란 이름만으로는 숙박 시설인지, 휴게소인지, 음식점인지 전혀 알 수 없습니다."

나는 미국의 보스턴 치킨(Boston Chicken) 사례를 들려주었다. "보스턴 치킨은 전기구이 통닭 포장 판매로 큰 성공을 거뒀습니다. 하지만 사업 확장을 위해 보스턴 마켓(Boston Market)으로 상호를 변경한 후 매출이 급격하게 하락했죠. '전기구이 통닭'이란 직관적 이미지를 '마켓'이란 모호한 단어로 바꾼 게 실패의 주된 원인이었습니다. 매장이 무엇을 하는 곳인지 고객이 즉각적으로 이해할 수 있어야 합니다."

우리는 즉시 '숯불 바비큐 명가'로 상호를 변경하고, 간판에 바비큐 그릴과 불꽃 이미지를 추가했다. 그리고 입구에 '등산객 환영! 고기 추가 서비스'라는 문구와 함께 메뉴판과 가격표를 명확히 제시했다. 한 달 후, 매출은 40% 증가했다. 이는 상호와 간판이 단순한 표지판이 아니라 고객과의 첫 번째 소통 도구임을 입증하는 생생한 사례였다.

이러한 시각적 커뮤니케이션 효과는 마케팅 이론에서도 중요하게 다뤄진다. 소비자행동 연구가 돈 페퍼스(Don Peppers)와 마사 로저스(Martha Rogers)는 "고객과의 첫 접점에서 발생하는 '인지 장벽'이 구매 전환의 가장 큰 걸림돌"이라고 지적했다. 실제로 한 유통기업의 빅데이터 분석 결과, 매장 앞을 지나는 유동인구 중 실제 입장으로 이어지는 전환율은 평균 8%에 불과했다.

특히 주목할 만한 것은 '구매여정 단계별 이탈률' 분석이다. 고객의 구매여정은 크게 '인지 → 관심 → 욕구 → 행동'의 단계로 구분되는데, 가장 높은 이탈이 발생하는 지점이 바로 '인지' 단계(47%)였다. 고객이 그곳에 음식점이 있는지를 알아채지 못하는 것이다. 이는 매장이 존재하더라도 고객이 그 존재를 인식하지 못하거나, 인식하더라도 매장의 성격을 파악하지 못해 발생하는 현상이다.

이러한 현상은 최근 한 식품회사의 충격적인 설문조사 결과로도 입증되었다. '한 번도 가지 않았던 매장을 우연히 방문한 경험이 있는가'

라는 질문에 대해 응답자의 83%가 '그런 매장이 있었다는 사실을 전혀 몰랐다'고 답했다. 이는 단순히 간판을 설치하고 인테리어를 정돈하는 것만으로는 고객 유입을 기대할 수 없다는 것을 시사한다.

서울 신촌의 한 베이커리 카페는 이러한 문제를 혁신적으로 해결했다. 기존 '카페 봄날'이라는 모호한 상호를 '매일 구운 빵카페'로 변경하고, 매장 전면에 제빵 과정이 보이는 오픈 키친을 배치했다. 또한 네이버 플레이스에도 매장 외관 대신 갓 구운 빵 사진을 메인으로 내세웠다. 그 결과 월 매출이 이전 대비 50% 증가했다.

반면 교훈적인 실패 사례도 있다. 부산의 한 수제버거 전문점은 트렌디한 이미지를 위해 '오후다섯시'라는 감성적 상호를 선택했다. 그러나 이는 오후 5시에만 영업한다는 오해를 불러일으켜, 결국 3개월 만에 '수제버거연구소'로 상호를 변경해야 했다.

이러한 시행착오를 통해 우리는 인지 단계의 핵심 원칙을 추려낼 수 있다.

첫째, '상호와 간판의 전략적 설계'다. 상호는 3초 법칙을 따라야 한다. 지나가는 고객이 3초 안에 매장의 성격을 파악할 수 있어야 한다. 예를 들어 '스시 오마카세'는 일식 고급 코스 요리를, '24시 해장국'은 심야 영업과 주력 메뉴를 즉각적으로 전달한다. 간판은 주력 상품 이미지와 가격대, 영업시간 등 핵심 정보를 포함하는 것이 좋다.

둘째, '디지털 노출의 최적화'다. 네이버 플레이스는 제2의 간판과 같다. 주목할 점은 첫 이미지의 중요성이다. 매장 외관이나 인테리어보다는 대표 상품을 전면에 내세워야 한다. 실제로 한 프랜차이즈를 분석한 결과, 상품 사진을 메인으로 내세운 매장의 방문 전환율이 평균 32% 더 높았다.

고객의 구매여정에서 '인지' 단계는 모든 비즈니스의 출발점이다. 상호와 간판은 단순한 장식이 아니라 전략적 마케팅 도구이며, 오프라인과 온라인 모두에서 체계적인 노출 전략이 요구된다. 매장의 정체성을 명확히 전달하는 직관적 커뮤니케이션은 현대 소상공인의 핵심 경쟁력이다.

고수의 체크포인트

- 우리 매장의 상호와 간판은 3초 안에 핵심 상품과 서비스를 전달하고 있는가?
- 오프라인 간판과 온라인 플레이스의 첫인상이 일관된 메시지로 고객의 발걸음을 이끌고 있는가?

고객은
눈으로 믿는다

"인테리어가 망가질까 봐서요. 손님들은 음식 맛으로 판단하실 거예요."

한 프랜차이즈 식당을 컨설팅할 때 가게를 둘러보며 벽면에 사진을 걸어보는 게 어떻겠냐고 제안하자, 사장님이 단번에 고개를 저으며 한 말이다.

나는 최근의 개인적 경험을 들려드렸다. 새로 문을 연 일식당에 갔다가 '신선한 회일까?' 의심하며 주문을 망설였던 일이었다. 그러다 주방 앞에 걸려있는 '오늘의 생선회' 실물 사진과 함께 '완도 새벽 직송'이라고 적힌 원산지 표시를 보고서야 안심하고 주문할 수 있었다.

"보세요, 사장님. 아무리 좋은 재료를 쓰고 정성을 다해도, 고객은 눈으로 확인할 수 있는 것만 믿습니다. '정말 싱싱할까?', '내가 낸 돈만

큼의 가치가 있을까?' 이런 의심이 들면 지갑을 열기가 망설여지죠. 칼국수집에서 육수 끓이는 큰 솥을 보여주거나, 매달 수백만 원에 달하는 가스비 영수증을 게시하는 것도 좋은 방법입니다. 밤새 정성껏 육수를 끓인다는 말보다, 실제 가스비 영수증이 주는 신뢰감이 훨씬 큽니다. 이런 시각적 증거들이 바로 고객의 의심을 안심으로 바꾸는 결정적 요소가 되는 겁니다."

이 같은 시각적 증거의 힘은 과학적으로도 입증되었다. 인간의 뇌는 시각 정보를 다른 감각 정보보다 2만 배 더 빠르게 처리한다. 실제로 구매 결정에서 시각이 차지하는 비중은 87%에 달한다. 이는 청각(7%), 후각(3%), 촉각(2%), 미각(1%)을 모두 합한 것보다 압도적으로 높은 수치다.

소비자행동 연구가 마틴 린드스트롬(Martin Lindstrom)은 "시각적 증거는 단순한 정보 전달을 넘어 신뢰의 기반이 된다"고 주장했다. 그는 전 세계 2,000개 매장을 분석한 결과, 제품이나 서비스의 과정을 시각화한 매장의 구매 전환율이 평균 43% 높다는 사실을 발견했다. 특히 외식업에서는 매장의 정체성을 시각적으로 드러내는 것이 브랜드 차별화의 핵심이라고 강조했다.

매장의 시각적 요소를 전략적으로 구성하여 브랜드 이미지를 강화하고 구매를 촉진하는 VMD(Visual Merchandising)는 현대 리테일의 핵심 전략으로 자리 잡고 있다. VMD전문가 마틴 페글러(Martin Pegler)는 "고객의 구매 결정 중 65%가 매장 내에서 이루어지며, 그중 90%는 시각적 요소에 의해 영향을 받는다"고 강조했다. 그는 직원의 유니폼, 사장님의 미소, 메뉴판 디자인, 그릇과 포스터까지 모든 시각적 요소가 하나의 통합된 브랜드 경험을 만들어내야 한다고 주장했다. 실제 연구에 따르면, 동일한 음식이라도 시각적 연출에 따라 고객만족도가 최대 27%까지 차이가 났다.

이러한 이론은 실제 사례에서도 입증된다. 홍대의 한 와플 전문점은 가짜 수박 주스 논란이 일자, 매장 입구에 수박을 쌓아두고 손질 과정을 공개했다. 수박을 부위별로 골고루 섞어 신선도와 당도를 보여주는 전략으로, 수박 주스 판매량이 2배로 증가했다.

서울 삼성동의 한 베이커리는 오픈 키친을 설치해 제빵 과정을 공개하고, 프랑스산 버터와 우유의 원산지 인증서를 매장 곳곳에 전시했다. 특히 '버터 진열장'을 통해 하루 사용량과 원산지를 투명하게 공개했다. 이러한 시각적 증거 전략으로 매출이 40% 상승했으며, 고객 신뢰도도 크게 향상됐다.

성수동의 한 일식당은 더 통합적인 접근을 시도했다. 전통 일본 도자기와 나무 그릇을 사용하고, 직원들은 기모노 스타일의 유니폼을 착용했다. 메뉴판에는 각 요리의 유래와 조리법을 설명하는 일러스트를 함께 넣었다. 이러한 총체적 시각 브랜딩으로 개업 6개월 만에 미쉐린 가이드 추천 맛집에 선정되는 성과를 거두었다.

이처럼 시각적 증거는 단순한 장식이 아닌, 고객 신뢰를 구축하는 핵심 수단이다. 특히 외식업에서는 식재료나 조리 과정을 시각화하는 것이 무엇보다 중요하다. 말로 하는 설명은 의심을 살 수 있지만, 눈으로 확인하는 증거는 신뢰를 만들기 때문이다.

시각화 전략은 크게 3가지로 구분할 수 있다.

첫째, '과정의 시각화'다. 와플 전문점처럼 재료 손질 과정을 보여주거나, 베이커리처럼 오픈 키친을 설치하여 조리 과정을 공개하는 것이 효과적이다. 정육점의 이력 추적 시스템처럼 디지털 기술을 활용하는 것도 좋은 방법이다.

둘째, '가치의 시각화'다. 삼성동 베이커리의 버터 진열장이나, 일식당의 생선회 실물 사진처럼 제품의 품질과 가치를 직접적으로 보여주는 것이 중요하다. QR코드나 디지털 디스플레이를 통해 생산 정보를 제공하는 것도 효과적이다.

셋째, '신뢰의 시각화'다. 칼국수집의 가스비 영수증이나 원산지 인증서처럼 매장의 노력과 정직함을 증명할 수 있는 구체적 증거를 제시해야 한다. 최근에는 실시간 정보 공개나 투명한 생산 이력 공개 등 디지털 인증 방식도 적극 활용되고 있다.

시각화 전략은 단순한 장식이나 인테리어가 아닌, 고객 신뢰 구축의 핵심 수단이다. 전통적인 방식의 시각화부터 디지털 기술을 활용한 새로운 방식까지, 고객이 우리의 가치를 '보고 믿을 수 있도록' 하는 것이 자영업 성공의 출발점이라 할 수 있다. 특히 시각적 증거는 말로 하는 홍보보다 훨씬 설득력이 강하다. 이제는 '보여주는 마케팅'이 선택이 아닌 필수가 되었다.

나만의 개성을
디자인하라

"장 교수님! 오늘 외식업 세미나에 다녀왔는데, 자영업에서도 브랜딩이 그렇게 중요하다면서요. 우리 베이커리 브랜딩을 어떻게 시작해야 할까요?"

서울의 한 골목길에서 베이커리를 운영하는 윤 사장님이 마치 내일이라도 당장 브랜딩을 구축해야 되는 것처럼 의욕적으로 물어왔다. 나는 되물었다. "윤 사장님은 브랜딩이 뭐라고 생각하십니까?" 그러자 그는 "가게 이름이나 로고, 간판, 그리고 가게 내부 디자인을 싹 바꾸는 거죠?"라고 대답했다. 그의 말은 완전히 틀리지는 않았지만, 브랜딩의 본질을 잘못 이해하고 있었다.

나는 이렇게 설명했다.

"브랜딩은 디자인만의 문제가 아닙니다. 브랜드는 회사의 개성이자 콘셉트입니다. 콘셉트란 우리 가게가 추구하는 독특한 특징과 가치를 의미하죠. 만약 사장님의 베이커리가 사람이라면, 어떤 성격을 가진 사람일까요? 이름은 무엇이고, 어떤 옷을 입고, 어떻게 대화하며, 어떤 가치관을 가지고 있을까요? 예를 들어, 어떤 베이커리가 '가족과 함께하는 따뜻한 시간'이라는 콘셉트로 시작한다면, 이곳은 단순히 빵을 파는 게 아니라 가족의 추억을 만드는 공간이 되는 거죠. 매장 디자인, 직원 서비스, 심지어 빵을 포장하는 방식까지 모두 이 콘셉트를 전달하는 수단이 되어야 합니다.

결국 브랜드란 고객의 마음속에 자리 잡은 우리 가게의 독특한 콘셉트와 가치입니다. 개성이죠. 디자인은 그저 이 콘셉트를 표현하는 수단일 뿐이죠. 중요한 것은 우리가 고객에게 어떤 가치를 전달하고 싶은지, 어떤 경험을 제공하고 싶은지를 먼저 정하는 것입니다."

대화를 마친 후, 사장님은 "아, 브랜딩이 단순히 외형적인 작업이 아니라 고객의 마음을 설계하는 일이었군요!"라고 말했다. 대답을 듣고 나니 이 말이 정답이다. 이것이 바로 브랜드인 것이다.

브랜드는 단순히 로고나 이름을 넘어서, 고객이 특정 브랜드를 떠올릴 때 느끼는 감정과 이미지의 총체다. '제품은 공장에서 만들어지지만, 소비자는 브랜드를 사 간다'라는 말처럼, 제품은 물리적 특성에 머물지만 브랜드는 소비자와 정서적으로 연결된다.

서울의 한 골목에 위치한 소규모 베이커리 '밀과 감각'의 브랜드 구축 과정을 예를 들어 살펴보자. 먼저 표적시장을 30~40대 직장인과 젊은 부모로 설정하고, '정지은(35세, 회사원)'이라는 구체적인 가상의 고객

캐릭터인 페르소나를 만들었다. 이 페르소나는 건강한 재료로 만든 빵과 여유로운 공간을 찾는 워킹맘으로, 평일 아침은 바쁘지만 주말에는 가족과 함께 시간을 보내기를 원하는 특징을 가졌다.

이를 바탕으로 '정직한 재료와 따뜻한 경험'이라는 핵심 가치를 정했다. 합성첨가물이 없는 건강한 빵을 제공하고 원산지를 투명하게 공개하는 등 '정직'을 실천했다. 디자인 측면에서는 큰 창문과 나무 소재를 활용해 따뜻하고 편안한 공간을 만들었으며, 지역 주민들의 일상적 쉼터라는 포지셔닝(positioning: 경쟁사와 차별화된 고유한 특색을 설정)을 통해 차별화를 꾀했다.

주말 베이킹 클래스 운영으로 고객과의 접점을 늘리고 충성도를 높였다. '브랜드 자산이란, 고객이 길을 건너지 않아도 되는 곳에 똑같은 물건을 파는 가게가 있는데도 굳이 당신에게서 물건을 사기 위해 기꺼이 길을 건너는 것'이라는 말이 있다. 이것이 브랜드 효과다. 높은 고객 충성도는 프리미엄 가격에도 불구하고 꾸준한 방문과 추천으로 이어져 강력한 브랜드 자산이 되었다.

페르소나에 기반한 마케팅 전략은 소셜미디어에서도 효과적이었다. 건강한 아침 식사와 가족 나들이 콘텐츠를 통해 표적 고객의 공감을 얻었고, 이는 다시 충성 고객층 확대로 이어졌다.

'밀과 감각' 베이커리의 사례를 통해 성공적인 브랜드 구축 과정을 살펴보았다. 이제 자영업자가 실천해야 할 구체적인 전략을 알아보자.

첫째, 판매에서 시작하라. 브랜드 구축은 매출 이후에 이루어져야 한다. 대기업들도 초창기에는 화려한 광고보다 거래 성사와 제품 판매에 집중한다. 매출을 통해 고객이 제품을 경험하고, 이는 자연스럽게 좋은 브랜드로 이어진다.

둘째, 콘셉트를 구체화하고 독창성을 확보하라. 콘셉트는 '정확히 뭘 드러내고 싶은가?'를 보여주는 것이다. 단순히 상품 제공을 넘어 매장의 분위기와 고객경험을 포함한 총체적 비전이 필요하다. '하루 100그릇만 제공하는 프리미엄 라면'처럼 희소성을 강조하거나, 앞서 본 '가족과 함께하는 따뜻한 시간'처럼 차별화된 가치를 제시해야 한다.

셋째, 페르소나를 통해 타깃 고객층을 명확히 정의하라. '20대부터 50대까지 전 세대를 아우르는 브랜드'와 같은 모호한 접근은 피해야 한다. 페르소나가 명확하고 구체적일수록 브랜드의 정체성이 더욱 확고해진다. 예를 들어 어린 자녀를 둔 가족을 겨냥해 어린이 메뉴와 놀이 공간을 제공하거나, 비건 고객을 위한 채식 메뉴를 특화하는 등 특정 고객층에 집중하라.

넷째, 브랜드 형용사를 찾아라. '맛있는', '훌륭한' 같은 막연한 수식어가 아닌, '따뜻한 기억을 담은', '정직한 재료의' 같은 독창적인 형용사로 브랜드의 정체성을 표현하라. 이는 소비자에게 특별하고 개성이 넘치는 이미지를 심어주는 데 효과적이다.

마지막으로, 브랜딩과 매출의 상호작용을 이해하라. 브랜딩이 매출 증가의 큰 요인이 되지만, 동시에 매출이 증가하고 팬덤이 생기면서 자연스럽게 브랜딩 효과가 나타나기도 한다.

브랜드는 단순히 제품을 판매하는 것을 넘어, 고객과의 감정적 연결을 만드는 강력한 도구다. 자영업자는 매출에서 시작하여 명확한 콘셉트와 페르소나 설정, 차별화된 가치 전달을 통해 브랜드를 구축할 수 있다. 결국 성공적인 브랜딩은 고객이 기꺼이 길을 건너올 만한 가치를 만드는 것이라고 할 수 있다.

고수의 체크포인트

- 당신의 브랜드는 '좋은 맛집'이나 '좋은 제품'이 아닌 어떤 특별한 형용사로 고객에게 기억되고 있는가?
- 당신의 가게는 어떤 특정 고객의 마음을 사로잡고 싶은가?

시작할 때
끝을 생각하라

창업은 많은 이들에게 설렘과 기대를 안겨주는 여정이다. 하지만 그 과정에는 수많은 도전과 리스크가 도사리고 있다. 그런데 성공적인 창업을 위해 가장 중요한 점 가운데 하나는 바로 '끝을 염두에 둔 시작'이다. 단순히 부정적인 결과를 예상하라는 뜻이 아니라, 계획적인 사업 운영과 책임감을 강조하는 의미다.

지역 상권에서 매우 성공적이었던 작은 카페를 컨설팅한 적이 있다. 입소문을 타고 지역 주민들의 사랑을 받으며 성장한 이 카페에, 나는 적절한 시점에서 매각을 고려해보는 것이 어떻겠냐고 제안했다. 하지만 사장님은 "제가 좋아하는 일을 하면서 수입도 괜찮은데, 왜 매각을 해야 하나요?"라며 한마디로 거절했다. 그때가 가장 장사가 잘되던 시기여서 이해가 되기도 했다.

그로부터 6개월 후, 건너편 대형 상가에 글로벌 프랜차이즈 카페 두 곳이 동시에 입점했다. 넓은 매장과 쾌적한 인테리어, 다양한 신메뉴와 프로모션으로 무장한 프랜차이즈의 적극적 공세에 기존 단골들이 하나둘 발길을 돌렸다. 주말 피크타임에도 한산해진 카페는 월세도 감당하기 어려워졌다. 매출이 절반 이상 감소한 상황에서 대출을 받아 인테리어를 새로 하고 SNS 마케팅도 시도해봤지만, 대형 자본을 앞세운 프랜차이즈와의 경쟁에서 이기기에는 역부족이었다. 결국 수천만 원의 부채를 안고서야 폐업을 결정했다.

닐 암스트롱(Neil Armstrong)이 말했듯이, "달에 가기 위해선 두 가지 문제를 해결해야 한다. 하나는 어떻게 그곳까지 도착할 것이냐이고, 다른 하나는 어떻게 지구로 돌아갈 것이냐이다." 이처럼 끝을 고려한 시작은 단순한 선택이 아닌 필수 요소다. 환경은 언제든 변할 수 있고, 지금 좋아하는 일도 언젠가는 지루해질 수 있으며, 더 좋은 기회가 얼마든지 또 찾아올 수도 있다. 그러므로 우리는 시작할 때부터 끝을 생각해야 한다.

바로 이러한 맥락에서 출구 전략의 중요성이 대두된다. 출구 전략(Exit Strategy)은 본래 스타트업 업계에서 시작된 개념이다. 마이클 포터는 "기업의 성공은 지속적인 경쟁 우위를 확보하는 것뿐 아니라, 시장에서 최적의 타이밍에 떠날 준비가 되어 있을 때 비로소 완성된다"고 강조했다. 실제로 국내 IT 스타트업 중 상당수가 적절한 시점에 대기업에 인수되어 창업자와 직원들에게 큰 부와 성공을 안겨주었다.

제품에 수명 주기가 있듯이 가게도 수명 주기가 있다는 점을 인식하는 것이 중요하다. 성장기, 성숙기, 쇠퇴기 등 각 단계별 특성을 이해하고, 특히 정점에서 적절한 결정을 내리는 것도 생각해봐야 한다. 이러한 관점은 자영업에도 그대로 적용될 수 있다.

한 유명 베이커리 점주는 창업 초기부터 매각을 염두에 두고 철저히 준비했다. 그는 매장을 열면서 사업의 매각 가능성을 높이는 요소들을 체계적으로 관리했다. 매출 기록과 고객 데이터를 꼼꼼히 정리하고, 브랜드 이미지를 강화하며, 단골고객층을 탄탄히 다졌다. 3년 후 한 프랜차이즈 본사로부터 러브콜을 받았을 때, 그는 준비된 자료들을 바탕으로 높은 가격에 매장을 매각할 수 있었다.

또 다른 사례로, 동네 정육점을 운영하던 한 사장님은 처음부터 은퇴 계획을 세웠다. 그는 정육 기술을 전수받을 직원을 미리 채용하여 5년간 육성했고, 고기 손질법부터 단골고객 응대 방식까지 매뉴얼화했다. 가게가 안정적으로 운영되자, 그 직원에게 점진적으로 가게를 넘기는 방식으로 매각했다. 이는 은퇴 자금도 확보하고 가게의 명성도 그대로 이어가는 윈윈(win-win) 전략이었다.

이러한 사례들은 자영업에서도 출구 전략이 얼마든지 가능하며, 이를 통해 더 큰 성공을 이룰 수 있음을 보여준다. 자영업자들이 처음부터 출구 전략을 세우면, 사업의 규모와 운영 방식, 투자 금액 등을 더욱 현실적으로 계획할 수 있으며, 이는 곧 체계적이고 가치 있는 사업 운영으로 이어질 수 있다.

이러한 관점에서 성공적인 자영업을 위한 핵심 전략을 살펴보자.

첫째, 작게 시작하는 것이 무엇보다도 중요하다. 많은 자영업자들이 막대한 창업자금과 거창한 목표를 가지고 시작하지만, 성공한 사업가들은 소규모로 시작할 수 있는 사업 모델을 가지고 있다. 창업자의 리스크를 그만큼 줄일 수 있게 된다.

둘째, 정기적 사업 점검이 필수다. 사업의 손익 구조와 시장 환경을 주기적으로 점검하여 위기 상황에 빠르게 대처할 수 있도록 한다. 이를 통해 사업의 강점과 약점을 명확히 파악하고, 필요한 변화를 적시에 실행할 수 있다.

셋째, 매각 가능성을 높이는 자산 관리다. 고객 명단, 매출 기록, 브랜드 이미지 등 사업의 가치를 높이는 요소를 철저히 관리해야 한다. 특히 매출 데이터와 고객관리 시스템은 매각 시 높은 평가를 받을 수 있는 핵심 자산이다.

넷째, 출구 전략을 구체적으로 계획하라. 사업 초기부터 철수 가능성을 염두에 두고 적절한 타이밍에 매각할 수 있는 기준과 절차를 명확히 설정해야 한다. 폐업에 대비하는 것은 사업을 안정적이고 체계적으로 운영하는 데 중요한 역할을 한다.

창업은 끝을 염두에 두고 계획적으로 접근해야만 진정한 성공으로 이어질 수 있다. 외식업이라면 그 분야의 직접 경험을 바탕으로 작게 시작하고, 철저한 점검과 관리를 통해 사업의 가치를 높여가며, 적절한 시점에 출구 전략을 실행할 수 있어야 한다. 단순히 폐업을 준비하는 것이 아니라 더 큰 기회를 향한 전략적 선택이 될 수 있기 때문이다.

- 현재 내 사업이 수명 주기의 어느 단계에 있는지, 그리고 언제가 매각의 최적기가 될지를 생각해 보았는가?
- 내 사업의 가치를 높이는 핵심 자산들(고객 데이터, 매출 기록, 운영 노하우 등)이 체계적으로 관리되고 있는가?

제 2 장

마케팅에 디지털을 더하라

[마케팅 성공 법칙 & 디지털 혁명]

성공하는
마케팅 플랜의 3단계

정부지원사업인 인천과 경기 지역의 희망리턴패키지 심사위원으로 활동하며 느낀 점이 있다. 대부분의 자영업자들이 마케팅을 단순히 SNS와 간판 교체 정도로만 생각한다는 것이다. 자영업자 대상 강의 중에 만난 한 베이커리 사장님의 사례가 이를 잘 보여준다. 매달 수백만 원의 SNS 광고비를 쓰면서도 효과를 보지 못했다는 것이었다. 막연히 '매출을 올리자'는 목표만 있을 뿐, 무엇을 개선해야 하는지에 대한 구체적 수치나 방향이 없기에 마케팅 목표를 구체화하는 방법을 설명해 주었다. SNS 노출 수나 팔로워를 늘릴 것인지, 아니면 특정 시간대 방문자 수 증가에 초점을 맞출 것인지와 같은 세부적인 목표 설정이 우선이라고 알려주었다. 자영업자들이 간과하는 것도 바로 이 지점이다.

나는 이 베이커리의 목표를 '아침 시간대 회사원 방문객 30% 증가'로 구체화했다. 타깃도 단순히 '20~30대 직장인'이 아닌, '건강한 아침 식사를 중시하는 테헤란로 인근 IT 회사 종사자'로 구체화했다. 타깃이 분명해지자 홍보 채널도 자연스럽게 결정됐다. IT 종사자들이 자주 접하는 직장인 커뮤니티와 출근길 지하철 광고를 주력으로 삼았다. 이처럼 마케팅은 SNS나 간판 교체와 같은 도구를 선택하기 전에, 명확한 목표와 구체적인 타깃 설정이 선행되어야 한다. 이렇게 체계적으로 접근해야 비로소 성공적인 마케팅 플랜이 가능해진다.

나는 강의 때마다 이렇게 설명한다. "효과적인 마케팅 플랜은 '브랜드의 매력 발견', '알릴 방법 결정', '순서 최적화'라는 3단계로 구성됩니다. 각 단계가 유기적으로 연결되어야 시너지가 생깁니다."

1단계는 '브랜드의 매력 발견'이다. 한 도심 옥상 카페의 사례를 보자. 처음에는 단순히 '전망 좋은 카페'로 운영했지만, 실적이 별로였다. 그러나 '도시인의 옥상 정원'이라는 콘셉트로 정체성을 재정립하고, 식물과 함께하는 힐링 공간으로 꾸미자 차별화가 이루어졌다. 매출은 50% 이상 증가했고, 평일 저녁 시간대 직장인들의 고정 명소가 되었다.

2단계는 '알릴 방법 결정'이다. 전통적 마케팅(TV, 라디오, 신문, 전단지)이 광범위한 대중에게 도달하는 장점이 있다면, 디지털 마케팅(SNS, 블로그, 유튜브)은 정확한 타깃팅과 즉각적 피드백이 가능하다. 이 두 가지를 상황에 맞게 조합하는 것이 중요하다. 타깃이 정해지면 채널 선택이 수월해진다. 예를 들어 타깃이 60대라면 인스타그램보다는 유튜브나 네이버 카페가 효과적이다. 실제로 한 반찬가게는 60대 주부를 타깃으로 네이버 카페에서 시식회를 진행해 큰 성과를 거뒀다. 또한 지역 기반 사업장이라면 당근마켓 같은 플랫폼을 활용해 지역 주민들에게 집중 홍보하는 것도 좋은 전략이다.

3단계는 '순서 최적화'다. 먼저 네이버 스마트스토어 후기나 유튜브 리뷰처럼 지속적으로 활용 가능한 콘텐츠를 구축한다. 이후 광고 집행을 시작하는데, 광고는 즉각적인 노출 효과는 있지만 집행을 중단하면 효과도 사라진다는 점을 유념해야 한다. 따라서 지속가능한 콘텐츠 기반을 먼저 다지고, 이를 보완하는 수단으로 광고를 활용하는 것이 바람직하다.

마케팅 플랜의 단계별 실천 전략은 다음과 같다.

첫째, 브랜드의 매력을 발견하는 단계에서는 모든 장점을 나열해보라. 위치적 특성, 대표 상품, 서비스의 차별점, 분위기 등 보유한 모든 것을 기록한다. 이를 바탕으로 한 문장으로 된 브랜드 정체성을 만든다. 예를 들어 '도시 직장인의 옥상 쉼터'와 같이 명확한 콘셉트를 도출한다.

둘째, 알릴 방법을 결정할 때는 디지털과 전통적 마케팅의 적절한 조합이 중요하다. 타깃 고객의 연령과 라이프스타일에 따라 채널 비중을 조절한다. 2030 젊은 층은 SNS를, 4050은 네이버 블로그나 카페를 중심으로 한다. 지역 상권의 경우 전단지나 현수막 같은 전통적 마케팅도 여전히 유효하다.

셋째, 실행 순서는 '지속가능성'을 기준으로 정한다. 먼저 네이버 리뷰, 유튜브 영상 등 한번 제작하면 지속적으로 노출되는 콘텐츠를 만든다. 이후 인스타그램, 페이스북 등 실시간 소통이 필요한 채널을 운영한다. 마지막으로 유료 광고를 통해 노출을 확대한다.

넷째, 모든 마케팅 활동은 수치화된 목표를 설정한다. '월 매출 30% 증가', '평일 저녁 시간대 방문객 2배 증가' 등 구체적 목표를 세우고 달성 여부를 점검한다. 목표 달성이 어려운 경우 즉시 전략을 수정한다.

성공적인 마케팅은 이처럼 체계적인 단계별 접근에서 시작된다. 브랜드의 매력 발견, 알릴 방법 결정, 실행 순서 최적화라는 3단계를 통해 효율적 마케팅이 가능하다. 이는 단순한 이론이 아닌, 수많은 자영업 현장에서 검증된 실천적 방법론이다.

고수의 체크포인트

- 브랜드의 매력 발견부터 홍보 방법 결정, 실행 순서 최적화까지 3단계 마케팅 플랜을 체계적으로 수립하여 실천하고 있는가?
- 장기적 브랜드 가치 구축과 단기적 매출 증대 활동의 균형이 잘 잡혀 있는가? 당장의 매출에만 집중하여 브랜드 이미지를 해치고 있지는 않은가?

STP 전략을 사용하라

딸의 생일 선물을 사러 들른 동네 꽃집에서 우연한 인연이 시작됐다. 사장님은 내가 마케팅 전문가라는 걸 알고는 들를 때마다 고민을 털어놓았다. 신선한 꽃을 저렴하게 판매하는 것이 강점인 꽃집이었지만, SNS 기반의 플로리스트 맞춤 서비스가 인기를 끌면서 매출이 급감하고 있었다. 어느 날 사장님은 "우리 꽃은 신선하고 가격도 저렴한데 왜 손님이 점점 줄어드는지 모르겠습니다."라고 말문을 열었다. 나는 "고객이 단순히 꽃을 사는 것이 아니라, 특별한 순간을 기념하거나 소중한 감정을 전달하기 위해 꽃을 산다는 점에 집중해야 합니다. 이 고객의 목적에 맞춰 가게를 다시 포지셔닝해보면 어떨까요?"라고 제안했다.

이때 사장님께서 물었다. "포지셔닝이란 게 정확히 뭔가요? 꽃집에도 필요한 건가요?" 나는 포지셔닝의 개념을 이렇게 설명했다. "포지셔닝이란, 고객의 머릿속에 우리 브랜드나 가게를 어떤 이미지로 자리 잡게 할 것인가를 결정하는 과정입니다". 예를 들어, 같은 꽃을 팔더라도 어떤 가게는 '트렌디한 감성 꽃집'으로, 또 다른 가게는 '고급 맞춤형 꽃 배달 전문점'으로 포지셔닝할 수 있다고 덧붙였다.

다행스럽게도 새로운 전략을 적용한 지 몇 달 후, 꽃집은 '기념일에 꼭 가야 하는 꽃집'으로 입소문이 퍼졌다. 특히 '맞춤형 꽃다발'은 감동적인 선물로 인기를 끌었고, 매장 내 포토존 덕분에 자연스러운 SNS 마케팅 효과도 얻을 수 있었다.

이 경험을 통해 나는 자영업 사장님들에게 '고객은 단순히 상품(꽃)을 구매하는 것이 아니라 그 상품이 제공하는 경험과 감정을 구매하는 것'이라는 점을 늘 강조하고 있다. 마케팅에서 'STP 전략'은 아주 기본적인 핵심 이론이다. 대기업에서나 필요한 어려운 마케팅 이론이 아니라 우리 가게의 강점과 고객의 니즈를 체계적으로 연결해주는 매우 실용적인 도구다

STP 전략은 시장 세분화(Segmentation), 타겟팅(Targeting), 포지셔닝(Positioning)의 첫 글자를 딴 마케팅 전략을 일컫는다. 세분화는 시장을 여러 기준으로 나누는 과정이다. 꽃집의 경우, 구매 목적(기념일, 감사 표현), 소비자 유형(개인, 기업), 구매 형태(방문, 온라인)로 시장을 나눌 수 있다. 타겟팅은 이렇게 나눈 시장에서 우리가 집중할 고객을 선정하는 단계다. 꽃집은 '특별한 날을 위해 꽃을 구매하는 20~40대'를 타겟으로 정했다. 이들은 SNS를 활발히 사용하고 감성적 가치를 중시하는 특징이 있다.

포지셔닝은 가장 중요한 단계로, 고객의 마음속에 우리 가게를 특별하게 자리 잡게 하는 전략이다. 세계적 마케팅 전문가 알 리스(Al Ries)와 잭 트라우트(Jack Trout)는 "마케팅은 제품이 아니라 인식의 싸움"이라고 주장한다. 이는 코카콜라와 펩시의 블라인드 테스트에서 잘 드러난다. 펩시는 맛 테스트에서 이겼지만, 브랜드를 공개하자 대부분이 코카콜라를 선택했다. 제품의 품질보다 브랜드 인식이 더 중요할 수 있다는 것이다.

식당을 예로 들면, 손님은 먹기도 전에 '맛있어 보여야' 한다. 실제 맛도 중요하지만, 고객이 들어서는 순간부터 느끼는 분위기, 향, 음식을 내오는 방식까지 모두가 포지셔닝의 일부다. 꽃집도 마찬가지다. 단순히 '좋은 꽃집'이 아닌 '특별한 순간을 완성하는 감성 공간'으로 자리잡아야 한다.

앞서 꽃집의 성공 사례와 코카콜라의 브랜드 경쟁에서 보았듯, STP 전략은 우리 가게만의 독특한 가치를 찾아 고객의 마음속에 확실히 자리잡게 하는 체계적 방법이다.

자영업자가 실천할 구체적인 전략을 살펴보자.

첫째, 세분화는 데이터에 기반해야 한다. 고객과의 일상적인 대화, 구매 기록 분석, 온라인 리뷰 확인 등을 통해 실제 데이터를 수집하라. 그래야 '20대 여성'이라는 피상적 구분이 아닌, '인스타그램에 일상을 기록하는 직장인 여성' 같은, 구체적 행동 패턴과 욕구까지 파악할 수 있다.

둘째, 타겟팅은 문제 해결에 초점을 맞춰야 한다. '바쁜 직장인을 위한 건강한 한 끼', '육아에 지친 부모를 위한 힐링 공간'처럼 고객의 구체적인 고민을 해결하는 방식으로 접근하라. 타겟이 명확할수록 마케팅 효과는 배가된다.

셋째, 포지셔닝은 감성을 자극하는 것이 핵심이다. '맛있는 식당' 대신 '어머니의 손맛을 그대로 담은 집밥', '편안한 카페' 대신 '도심 속 작은 휴식처'처럼 차별화된 가치를 전달하라. 특히 온라인에서는 시각적 요소가 중요하다. 매장 분위기부터 상품 진열, 포장 디자인까지 모든 요소가 일관된 메시지를 전달해야 한다.

STP 전략은 자영업자가 실전에서 활용할 수 있는 강력한 도구다. 코카콜라와 펩시의 사례가 보여주듯 마케팅은 제품이 아닌 인식의 싸움이며, 고객의 마음속에 우리 가게만의 특별한 가치를 심어주는 것이 핵심이다. 소상공인과 자영업자도 가격 경쟁에서 벗어나 차별화된 브랜드 이미지 구축에 집중한다면, 대형 업체와의 경쟁에서도 충분히 성공할 수 있다. '당신의 가게는 고객의 인식 속에 어떤 자리를 차지하고 있는가?' 이 질문의 답을 찾는 것이 성공적 마케팅의 출발점이다.

> **고수의 체크포인트**
> – 당신은 최고의 제품을 만드는 데 집중하고 있는가, 아니면 고객의 마음속에 강력한 인식을 심는 데 집중하고 있는가?
> – 당신은 모든 고객을 만족시키려 하고 있는가, 아니면 핵심 고객의 진정한 욕구를 해결하고 있는가?

손님을 끄는 메뉴,
돈 되는 메뉴

"우리 가게는 지금까지 마케팅을 하지 않았어요."

마케팅 컨설턴트로 일하다 보면 많은 사장님들이 이렇게 말씀하신다. 그런데 이야기를 더 구체적으로 들어보면 이는 마케팅을 단순히 '홍보'로 오해한 것으로 "홍보를 더 잘해야겠어요"라는 말이었다. 물론 홍보도 마케팅의 중요한 한 부분이다. 그러나 실제 마케팅의 시작은 상품 전략부터 시작하는 게 맞다. 제품(Product), 가격(Price), 유통(Place), 프로모션(Promotion)이라는 4P 중에서도 제품 전략이 가장 첫 번째인 것이다.

"이곳에서만 맛볼 수 있는 특별한 메뉴가 무엇인가요?"

얼마 전 부평의 한 카페 사장님을 만났다. 그분은 SNS 마케팅에 대해 먼저 물었지만, 나는 이렇게 시그니처 메뉴를 먼저 여쭤보았다. 시그니처 메뉴야말로 고객들이 그 가게를 찾아야 할 특별한 이유가 되어 주기 때문이다. 많고 많은 카페 중에서 그 카페를 선택해야 하는 이유가 바로 시그니처 메뉴에 있다.

우리는 함께 시그니처 메뉴를 선정했다. 다른 곳에서는 찾아볼 수 없는 독특함, 매장의 정체성을 보여주는 대표성, 자신 있게 추천할 수 있는 자부심, 이 세 가지를 기준으로 삼았다. 그리고 마케팅의 시작은 '좋은 상품'이라는 점을 다시 한번 확인했다. 결과적으로 이 카페는 시그니처 메뉴를 중심으로 한 상품 전략을 통해 월 매출이 30% 이상 증가했다.

여기서 중요한 점이 있다. 시그니처 메뉴는 고객을 유인하는 시작으로 중요하지만, 실제 수익은 이를 보완하는 다른 메뉴들에서 나와야 한다는 것이다. 이것이 바로 내가 강조하는 '전략적 상품 구색'의 핵심이다.

부평 카페 동네의 사례는 상품 구색 전략의 모범사례다. 이곳의 기본 메뉴는 커피와 케이크로, 이는 청년층을 겨냥한 간판 제품이다. 하지만 여기에 중장년층을 위한 쌍화차, 청귤청, 뱅쇼 같은 구색용 제품을 더했다. 수익성은 낮지만 고객층을 넓히는 전략이었다.

특히 주목할 만한 것은 계절 메뉴 전략이다. 겨울철에는 붕어빵과 군고구마를 내놓았다. 이 메뉴들은 수익성이 낮은 홍보용 제품이지만, 지역 주민들의 발길을 붙잡는 효과가 있다. 실제로 붕어빵을 사러 들른 손님이 따뜻한 커피나 차를 추가로 주문하면서 전체 매출이 상승했다.

이는 맥도날드의 전략과 맥을 같이한다. 맥도날드는 햄버거를 홍보용 제품으로 내세운다. '1000원이면 맥도날드에서 햄버거를 먹고도 100원이 남는다'는 광고가 대표적이다. 하지만 실제 수익은 프렌치프라이와 음료수에서 나온다. 프렌치프라이는 전시성과 수익성이 모두 높은 판매용 제품이며, 음료수는 전시성은 낮지만 수익성이 매우 높은 수익용 제품이다.

결국 성공적인 상품 구색 전략은 홍보용, 판매용, 수익용, 구색용 제품의 균형에 달려 있다. 부평 카페 동네가 이를 잘 보여준다. 시그니처 메뉴로 손님을 끌어들이고, 계절 메뉴로 방문 빈도를 높이며, 수익성 높은 메뉴로 실질적인 이익을 창출하는 것이다. 이는 단순한 메뉴 나열이 아닌, 고객 심리를 고려한 전략적 배치라고 할 수 있다.

이러한 전략적 상품 구색의 핵심 체크포인트는 다음과 같다.

첫째, 고객을 유인할 홍보용 시그니처 메뉴를 확립하라. 설사 전시성은 높으나 수익성은 낮더라도, 매장을 대표할 수 있는 메뉴여야 한다. 다른 곳과 차별화된 특색을 갖추고, 가격 경쟁력도 확보해야 한다.

둘째, 수익성 높은 메뉴의 라인업을 구축하라. 시그니처 메뉴를 주문한 고객이 자연스럽게 추가 주문할 수 있는 고마진 메뉴를 준비한다. 프렌치프라이나 음료처럼 원가는 낮지만 판매가는 적정한 제품이 이상적이다. 맥도날드의 직원 응대는 이러한 전략의 완성도를 높이는 좋은 예시다. "햄버거 하나 주세요"라는 주문에 "감사합니다"라고 응대한 후, "프라이는요?"라고 자연스럽게 묻는다. 이어서 "음료는 어떤 것으로 하시겠어요?"라고 제안한다. 이처럼 친절한 응대와 함께 자연스러운 추가 주문 유도는 수익 증대의 핵심이다.

셋째, 구색용 메뉴로 방문 빈도를 높여라. 붕어빵 같은 계절성 메뉴나 특별 메뉴를 통해 재방문율을 높인다. 수익성이 다소 낮더라도 고객층을 넓히고 방문 이유를 다양화할 수 있는 메뉴를 구비한다.

넷째, 메뉴 간의 조합을 최적화하라. 시그니처 메뉴, 수익성 메뉴, 구색 메뉴가 자연스럽게 함께 주문될 수 있도록 메뉴판을 디자인하고, 직원 교육을 강화한다. 각 메뉴의 역할과 목적을 명확히 하여 전체적인 수익 구조를 개선한다.

결국 시그니처 메뉴는 고객을 매장으로 이끄는 미끼상품이 아니라 브랜드의 얼굴이다. 하지만 진정한 성공은 이를 중심으로 한 전략적 상품 구색에서 시작된다. 고객이 자연스럽게 지갑을 열게 만드는 메뉴 구성의 묘미, 그것이 바로 장사의 핵심이다.

고수의 체크포인트

- 시그니처 메뉴와 고마진 메뉴의 매출 비중이 적절하게 유지되고 있는가?
- 추가 주문을 유도하는 직원들의 자연스러운 대화 스크립트가 매뉴얼화되어 있는가?

상품과 서비스에
디지털을 더하라

체중계를 제조하는 한 회사 사장님과의 컨설팅 현장이 떠오른다. "우리 제품의 차별화된 특징으로 '디자인이 예쁘고, 정확하게 측정되며, 시중 가격보다 훨씬 저렴하다'고 하셨는데, 그것이 고객이 우리 체중계를 구매할 확실한 이유가 될까요?" 이 질문에 사장님은 잠시 생각에 잠겼다.

나는 시계를 예로 들어 설명했다. "시계가 저렴하고 정확하다고 말하면 팔릴까요? 물론 시계는 정확해야 하지만, 정확도는 기본입니다. 시계는 패션 상품이라고 봐야 합니다." 이는 곧 소형가전 브랜드 '토큰'이 사물인터넷(IoT) 기술을 접목한 스마트 인바디 체중계를 성공적으로 출시하는 계기가 된 조언이었다.

체중계의 진정한 가치는 단순 측정을 넘어 건강관리에 있다. 체중,

BMI, 체지방률 등을 측정하고 앱과 연동하여 맞춤형 건강 정보를 제공하는 것이야말로 고객이 원하는 진정한 솔루션이며, 이것이 고객이 체중계를 사는 이유인 것이다. 더 나아가 제조사와 제휴를 맺은 의료기관이 데이터를 분석하고 정기적인 건강 정보를 제공하는 서비스로 발전할 수 있다고 제안했다.

이러한 디지털 전환의 중요성은 15년 경력의 스튜디오 사진관 사장님과의 컨설팅에서도 이어졌다. 이제 사진관의 경쟁력은 단순히 사진을 잘 찍는 기술이 아니라, AI 보정 도구를 활용해 고객이 원하는 결과물을 만들어내는 디지털 기술력에 있다고 조언했다. 기존의 상품과 서비스에 디지털을 접목함으로써 새로운 부가가치를 창출하고, 이를 통해 고객만족도를 높이는 것이 디지털 시대의 핵심 경쟁력임을 강조한 것이다.

제품과 서비스에 디지털을 장착한 성공 사례를 살펴보자.

도미노 피자는 주문결제의 디지털화를 통해 세계 1위 브랜드로 성장했으며, 스타벅스는 '사이렌 오더'라는 스마트 기술로 새로운 카페 문화를 창조했다. '나이키 플러스'는 운동화 깔창에 러닝 기록을 저장하는 센서를 부착하고 이를 웹사이트와 연동해 운동 결과를 수치화함으로써 재도약에 성공했다.

자영업자들의 디지털 기기 도입 사례도 주목할 만하다. 고기파티는 서빙로봇과 테이블오더를 도입해 직원 동선을 50% 줄였고, 직원 결근 시에도 2명분의 일을 대체할 수 있게 되었다. 한 합기도장은 '굿바디'라는 체형측정기를 도입해 3D로 체형을 진단하고 맞춤형 교정 프로그램을 제공함으로써 학부모들의 큰 호응을 얻었다. 네일샵은 스마트 기기로 손톱 건강 상태를 분석해 맞춤형 케어 서비스를 제공하고, 헬스클럽은 스마트 밴드로 회원의 운동 데이터를 기록하고 맞춤형 피드백을 제공하는 시스템을 구축했다.

소상공인들은 이처럼 작은 디지털 도구로도 큰 변화를 만들어내고 있다. 한 소머리국밥집은 주차장 CCTV를 창의적으로 활용했다. 주방에서 CCTV로 들어오는 손님 수를 미리 파악해 최적의 타이밍에 국밥을 준비함으로써 '소믈리에'라 불릴 만큼 품질 관리에 성공했다. 또한 스마트 조명 시스템을 도입한 매장들은 시간대와 혼잡도에 따라 자동으로 밝기를 조절해 고객들에게 더 좋은 경험을 제공하고 있다. QR코드를 활용한 고객 설문조사와 할인 쿠폰 배포는 적은 비용으로도 효과적인 고객관리를 가능하게 했다.

이처럼 디지털 전환은 꼭 대규모 투자가 필요한 것만은 아니다. 이미 보유한 디지털 도구를 창의적으로 활용하거나, 소규모 디지털 솔루션을 도입하는 것만으로도 충분히 경쟁력을 확보할 수 있다는 것이 자영업 현장의 교훈이다. 특히 작은 규모의 자영업자들도 각자의 상황과 예산에 맞는 디지털 도구를 선택적으로 도입함으로써 경쟁력을 높일 수 있다.

디지털 도구 도입 시에는 명확한 목표 설정이 우선이다. 앞서 살펴본 고기파티의 서빙로봇 도입 사례처럼, ROI(투자 대비 수익률) 분석이 필수다. 직원 동선 50% 감소, 2인분의 업무 대체 효과 등 구체적인 수치로 효과를 예측해야 한다.

시작은 작게, 확장은 점진적으로 해야 한다. 소머리국밥집의 CCTV 활용이나 QR코드 기반 주문 시스템처럼 기존 설비나 저비용 솔루션부터 시작하는 것이 바람직하다. 이후 성과를 보며 서빙로봇같은 고도화된 장비 도입을 검토할 수 있다.

정부와 지자체의 지원 프로그램도 적극 활용해야 한다. 합기도장의 체형측정기 도입 사례처럼 '스마트상점 기술보급사업' 등을 통해 초기 투자 부담을 줄일 수 있다. 고가 장비의 경우 구매 대신 월 임대 서비스를 고려하는 것도 좋은 방법이다.

직원 교육과 고객 소통도 중요하다. 새로운 디지털 기술을 쉽게 활용할 수 있도록 직원 교육 프로그램을 운영하고, 도입 후에는 QR코드를 통한 설문조사 등으로 고객 피드백을 꾸준히 수집하고 반영해야 한다.

디지털 전환은 더 이상 선택이 아닌 필수다. 소상공인도 각자의 상황에 맞는 디지털 도구를 찾아 도입함으로써 경쟁력을 높이고 지속가능한 성장을 이루어낼 수 있다. 스마트 인바디 체중계처럼 제품 자체를 디지털화하거나, 서빙로봇처럼 서비스 제공 방식을 혁신하거나, CCTV처럼 기존 도구를 창의적으로 활용하는 등 다양한 방식의 디지털 전환이 가능하다. 중요한 것은 지금 당장 시작하는 것이다.

- 우리 매장의 디지털 목표는 고객 편의성 증대, 매출 증가, 운영 효율화 중 어느 것인가?
- 기존에 보유한 디지털 도구(CCTV, POS 등)를 고객 가치 향상을 위해 창의적으로 활용할 방법은 없는가?

가격을 내리지 말고
가치를 올려라

"평일 저녁이면 온 가족이 둘러앉아 치킨 냄새로 가득했던 매장에, 이제는 배달 기사들의 한숨 소리만 가득해요. 20년간 한결같던 단골 김 여사도 '손주가 프랜차이즈 치킨을 좋아한다'며 발길을 끊었고, 직장인들의 회식 단체 예약도 새로 생긴 프랜차이즈의 '인스타 감성' 매장으로 옮겨갔어요."

Y대 외식경영자 과정에서 인연을 맺은 한 치킨집 사장님의 하소연이다. 건너편 대형 상가에 단돈 만 원 균일가 치킨집이 입점하면서 매출이 30% 이상 급감했다고 한다. 사장님은 고객을 되찾아오기 위해 "가격을 내릴 수밖에 없다"면서 조언을 구했다.

"가격을 내리면 수익률이 떨어질 텐데, 그러면 손님이 두 배로 늘어야 수지가 맞습니다. 가격을 내린다고 고객이 두 배로 올 수 있을까요?"라는 내 질문에 사장님은 고개를 저으며 잘 모르겠다고 답했다. 현재 치킨 한 마리당 순이익률이 10% 남짓인데, 가격을 10% 내린다면 순이익은 크게 줄어들 수밖에 없었다.

가격 경쟁은 자영업 시장의 가장 위험한 함정이다. 한 매장의 가격 인하는 주변 경쟁자들의 연쇄적 가격 인하로 이어져 업계 전반의 수익성을 악화시킨다. 나는 사장님에게 가격 인하 대신 가치 차별화 전략을 제안했다. 신선한 국내산 닭고기와 특제 소스로 맛을 차별화하고, '주중 50마리 한정 특가'와 같은 전략적 할인을 도입하며, 배달 시간을 30분 이내로 단축하는 등 서비스 품질을 높이는 방안이었다. 사장님은 처음에 추가 비용을 우려했지만, 이러한 차별화 전략 실행 3개월 만에 매출이 회복되기 시작했고 단골고객도 크게 늘었다.

경쟁력 있는 가격 전략을 세우기 위해서는 원가와 가치를 모두 고려해야 한다. 마케팅에서 가격 전략은 크게 원가기준과 가치기준으로 나눌 수 있다. 원가기준은 모든 비용에 적정 이익률을 더해 가격을 산정하는 방식이다. 예를 들어 분식점에서 김밥 한 줄의 재료비와 인건비가 2,000원이라면, 여기에 30%의 이익을 더해 2,600원에 판매하는 식이다. 계산이 단순하고 명확하지만, 고객의 지불 의향이나 시장 상황을 반영하지 못하는 한계가 있다.

앞서 살펴본 치킨집 사례는 가치기준 가격 전략의 중요성을 잘 보여준다. 단순히 원가와 이익률만을 고려한 가격 인하 대신, 품질 향상과 서비스 개선을 통해 고객이 느끼는 가치를 높임으로써 수익성을 회복

할 수 있었다.

가격 책정의 또 다른 접근법으로 통합 가격과 분할 가격이 있다. 통합 가격은 모든 서비스와 부가혜택을 하나의 가격에 포함시켜 제공하는 방식이다. 반면에 분할 가격은 기본 서비스와 추가 서비스의 가격을 분리해 고객이 선택할 수 있게 하는 전략이다.

한 카페는 아메리카노 5,000원에 간단한 스낵 서비스를 포함하는 통합 가격으로 성공했다. 이와 유사하게 소규모 헬스장도 월 회원권에 PT 1회, 그룹 클래스, 수건 대여 서비스를 포함시켜 고객만족도를 높였다.

반면에 어떤 미용실은 기본 커트 15,000원에 염색, 파마, 스파 등을 추가 비용으로 제공하는 분할 가격 전략을 채택했다. 이를 통해 저렴한 커트만 원하는 학생부터 프리미엄 서비스를 찾는 고객까지 다양한 수요를 충족시킬 수 있었다. 테이크아웃 전문 베이커리도 기본 빵 가격에 토핑이나 고급 포장을 추가 요금으로 설정해 고객의 선택권을 넓히고 매출을 다각화하는 데 성공했다.

어떤 가격 전략을 선택할지는 이와 같이 업종과 고객 특성에 따라 신중히 결정해야 한다. 카페나 헬스장처럼 고객 편의와 반복 방문이 중요한 업종은 통합 가격이, 미용실이나 베이커리처럼 개인화된 서비스가 중요한 업종은 분할 가격이 더 효과적일 수 있을 것이다.

또한, 가격정책은 우리 가게가 현재 초기 창업 단계인지 안정적 단계인지에 따라 다르게 생각할 수 있다. 이때 가격정책은 도입 가격, 안정 가격, 프리미엄 가격의 3단계로 접근하는 것이 바람직하다. 한 비스트로 레스토랑은 처음 시장 진입 시 주변 시세와 비슷한 수준으로 도입 가격을 책정했지만, 신선한 지역 농산물 활용과 세심한 서비스로 차별화를 두어 고객이 '이 가격보다 더 높은 가치를 받았다'고 느끼게 했다. 1년간 가격을 유지하는 안정 가격 단계에서는 고객 신뢰를 쌓았고, 2년 차부터는 와인 페어링 코스와 셰프 특선 메뉴를 추가한 프리미엄 전략으로 수익을 높였다.

자영업자는 먼저 자신의 가게가 어느 단계에 있는지를 정확히 파악해야 한다. 오픈 초기라면 도입 가격으로, 안정적 고객층이 형성되었다면 안정 가격을 통해 신뢰를 쌓으며, 확고한 단골이 확보되었다면 프리미엄 전략을 고려할 수도 있을 것이다.

가격 저항을 극복하기 위해서는 고객이 가격보다 가치를 먼저 생각하도록 만드는 다양한 제한 전략이 필요하다. 제품이나 서비스에 변화를 주지 않고 가격만 조정하면 저항이 커지기 때문이다. 예를 들어 치킨집의 경우, '이번 주 한정 신메뉴 출시 기념 20% 할인'처럼 기간을 한정하거나, '매일 저녁 7시, 30마리 한정 특가'와 같이 수량을 제한할 수 있다. 또한 '첫 구매 고객 사이드 메뉴 무료'나 '단골고객 특별 쿠폰'처럼 고객층을 한정하는 전략도 효과적이다.

여기에 '지역 농가와 협력한 신선 식재료' 사용을 강조하거나, '환경 보호를 위한 친환경 포장' 도입 등 가격정책 변화에 대한 명분도 함께 제시하면 좋다. 세트 메뉴에 작은 선물을 포함하거나, 할인율을 변동시켜 단조로움을 피하는 것도 도움이 된다.

가격은 단순한 숫자가 아니라 고객이 느끼는 가치의 표현이다. 도입, 안정, 프리미엄으로 이어지는 3단계 가격 전략을 통해 시장에 안정적으로 정착하고, 경쟁에서 이기기 위해 무작정 가격을 내리는 것이 아니라, 고객이 '이 가격 이상의 만족을 얻었다'고 느끼도록 하는 가치 전략을 세우는 것이 장기적인 성장과 안정적인 운영을 가능하게 하는 핵심이다.

고수의 체크포인트

- 당신의 가게는 3단계 가격 전략 중 현재 어느 단계에 있는가?
- 고객이 '이 가격에 이런 혜택도 있다니!'라고 느끼게 만드는 차별화 전략은 무엇인가?

가격의 착각을
디자인하라

"똑같은 버거를 2개 사면 하나는 반값에 드립니다! 여기서 할인율은 몇 퍼센트일까요?"

자영업자 대상 강의에서 맥도날드의 캠페인을 소개하며 수강생들에게 이렇게 물었다. 대부분이 망설임 없이 "50%"라고 대답했다. 그러나 자세히 계산해보자. 4,000원짜리 버거 2개는 원래 8,000원이지만, '하나를 반값'으로 할인하면 6,000원이 된다. 실제 할인율은 25%에 불과하다. '반값'이라는 표현이 소비자에게 50% 할인이라는 착각을 불러일으킨 것이다. 이것이 바로 '순간착각의 함정'이다.

러시아 속담처럼 '어느 시장에나 두 종류의 바보가 있다. 하나는 가격을 너무 낮게 부르는 사람이고, 다른 하나는 너무 높게 부르는 사람이다.' 마케팅 4P(제품product, 가격price, 유통place, 판매촉진promotion) 중에서 가격은 유일하게 수익을 창출하는 요소다. 다른 요소들은 모두 비용이 발생하지만, 가격정책은 수익에 직접적인 영향을 미친다. 특히 고객의 가격 민감도를 낮추는 전략은 수익성 개선의 핵심이 된다.

그래서 나는 수강생들에게 강조한다. "숫자의 크기가 아니라 표현의 방식이 고객의 지갑을 여는 열쇠가 되기도 합니다. 실제 할인율보다 더 크게 느껴지는 표현을 찾아내는 것, 그것이 바로 가격정책의 묘미입니다."

'순간착각의 함정'은 행동경제학의 핵심 원리를 활용한 전략이다. 행동경제학자 댄 애리얼리(Dan Ariely)의 초콜릿 실험은 이를 잘 보여준다. 15센트짜리 고급 초콜릿과 1센트짜리 일반 초콜릿을 비교했을 때, 73%의 소비자가 고급 초콜릿을 선택했다. 그러나 각각의 가격을 1센트씩 낮춰 고급 초콜릿을 14센트, 일반 초콜릿을 무료로 제공했을 때는 69%가 일반 초콜릿을 선택했다. '무료'라는 단어 한마디가 이성적 판단을 뒤엎은 것이다.

'프리코노믹스(Freeconomics)'라는 신조어가 등장할 만큼, 공짜 마케팅은 현대 사회의 강력한 도구가 되었다. '공짜 치즈는 쥐덫에만 놓여 있다'는 러시아 속담처럼, 실제로는 모든 비용이 상품 가격에 반영되어 있지만, 소비자들은 '공짜'라는 단어에 비이성적으로 반응한다.

여기에 '조건부 혜택'을 더하면 그 효과는 배가된다. 예를 들어, 같은 카페의 "브런치 플레이트(18,000원)와 수제 에이드(6,000원)를 주문하시면 8,000원짜리 시그니처 케이크를 1,000원에 제공합니다!"라는 프로모션을 한다고 치자. 이 프로모션은 실제로는 전체 금액의 21% 할인에 불과하지만, 고객은 '8,000원짜리를 1,000원에 산다'는 문구 때문에 더 특별한 혜택을 받는다고 느낀다. 이처럼 조건부 혜택은 고객의 구매 결정에 강력한 동기를 부여한다. 중요한 것은, 원래 가격을 명확히 제시하면서 할인된 가격의 차이를 극대화하는 것이다. 이는 앵커링(anchoring) 효과를 활용한 전략으로, 높은 기준점(원래 가격)을 제시함으로써 할인된 가격이 더욱 매력적으로 보이게 만든다.

앞서 살펴본 카페의 사례들을 통해 순간착각의 함정을 활용한 가격 전략의 핵심 포인트를 정리해보자.

첫째, 할인율 대신 구체적인 가격 차이를 강조하라. '20% 할인'이라는 표현보다 '7,000원짜리 디저트를 500원에!'라는 표현이 고객의 감성을 자극, 고객이 실제 할인 금액을 더 크게 체감하게 만든다.

둘째, 조건부 혜택을 적극 활용하라. '브런치와 음료 주문 시'처럼 구매 조건을 제시하고, 그에 따른 파격적 혜택을 제공하라. 이는 고객의 구매 단가를 높이면서도 혜택에 대한 만족도를 극대화할 수 있다.

셋째, 반드시 정가를 함께 표시하라. 예를 들어 '8,000원짜리 시그니처 케이크를 1,000원에!'라는 표현은 앵커링 효과를 통해 할인 폭을 더 크게 느끼게 한다. 맥도날드의 '하나는 반값' 사례처럼, 정가 대비 할인가의 차이를 부각시켜라.

넷째, 시간대별로 차별화된 혜택을 제공하라. 브런치 카페의 경우, '오후 2~5시 브런치 주문 시 디저트 100원!'과 같은 프로모션으로 한산한 오후 시간대에 큰 수요를 창출할 수 있다.

다섯째, 타깃 고객층에 맞는 표현을 선택하라. MZ세대를 타깃으로 한다면 '찐혜택!', '대박할인!'과 같은 캐치프레이즈를, 중장년층을 대상으로 한다면 '특별 우대가'와 같은 표현을 사용하는 것이 효과적이다.

이러한 전략들을 실행할 때는 반드시 수익성 분석을 선행해야 한다. 과도한 할인은 단기적으로는 매출 증가를 가져올 수 있지만, 장기적으로는 수익성을 악화시킬 수 있기 때문이다.

가격정책은 단순한 숫자 게임이 아니다. '반값', '100원', '무료'와 같은 표현이 주는 강력한 심리적 효과를 이해하고, 이를 조건부 혜택과 결합하여 활용할 때 진정한 마케팅의 힘이 발휘된다. 결국 성공적인 가격정책은 고객의 심리를 이해하고, 이를 바탕으로 실질적 혜택과 감성적 만족을 동시에 제공하는 것에서 시작한다.

고수의 체크포인트

- 우리 매장의 가격 표현이 단순한 숫자가 아니라 감성적 가치를 전달하고 있는가?
- 세대별 타깃 고객층의 특성에 맞는 가격 표현 전략을 사용하고 있는가?

고객의 구매여정을
단계별로 추적하라

"손님들이 어떤 경로로 우리 가게를 알고 오는지 아시나요?"

한 카페 사장님께 물었다. "글쎄요… 요즘은 다들 인터넷 보고 온다고 하니까, 인스타랑 네이버에 열심히 올리고 있어요." 사장님의 답변이 막연했다.

"제가 최근 강남의 한 베이커리를 컨설팅하면서 재미있는 걸 발견했습니다. 저희가 카운터 앞에 QR코드를 붙여두고 '소중한 의견을 들려주시면 음료 쿠폰을 드립니다'라고 썼어요. 손님들이 스캔하면 '어떻게 저희 매장을 알게 되셨나요?'라는 간단한 설문이 뜨도록 했죠. 결과가 흥미로웠습니다. 인스타그램으로 오신 분은 15%, 네이버 플레이스가 40%, 지역 맘카페가 25%, 그리고 지나가다 들른 손님이 20%였어요. 더 중요한 건, 대부분의 온라인 손님들이 SNS나 블로그에서 매장을 보고 관심을 가졌다가 실제 리뷰나 평점을 확인하는 단계에서 방문을 포기했다는 겁니다.

저는 바로 맞춤형 전략을 세웠습니다. 온라인 손님들을 위해 메뉴별로 상세 설명과 실제 후기를 강화했고, 오프라인 손님들을 위해서는 매장 진열장을 더 밝게 꾸몄죠. 단골손님들을 위한 멤버십 프로그램도 새로 만들었습니다. 그렇게 3개월 만에 매출이 30% 올랐어요.

보시다시피 손님들은 크게 세 가지 경로로 오십니다. 온라인에서 정보를 보고 오시는 분들, 오프라인에서 간판을 보고 들어오시는 분들, 그리고 재방문하시는 단골손님들이죠. 특히 온라인 손님들의 경우, 구매까지 가는 여정의 어느 단계에서 문제가 생기는지 꼭 확인해봐야 합니다. 우리 가게를 모르는 건지, 알아도 관심이 없는 건지, 아니면 관심은 있는데 직접 방문하기를 망설이는 건지… 이걸 정확히 알아야 해결책도 찾을 수 있거든요."

이처럼 고객이 우리 매장을 찾는 과정은 그렇게 단순하지 않으며, 이를 단계별로 세분화하여 분석해 볼 수 있다. 고객의 구매여정은 '인지(Awareness) → 관심(Interest) → 평가(Evaluation) → 시도(Trial) → 구매(Adoption)'의 다섯 단계를 거친다. 실제 사례를 보면, 성공적인 자영업자들은 각 단계별로 다른 전략을 구사한다. 서울의 한 정육점은 인지도를 높이기 위해 지역 맘카페에서 시작했지만, 관심도와 평가 단계에서는 네이버 스마트스토어의 상세페이지를 활용했다. 시도 단계에서는 매장 앞에서 시식 행사를 진행했고, 최종 구매를 위해서는 카카오톡 채널을 통한 단골고객관리에 집중했다.

특히 여기서는 온라인 고객의 구매여정에 초점을 맞추어 살펴보자. 온라인 고객의 구매여정을 추적해보면, 크게 세 가지 유형의 문제가 발생한다. 먼저 우리 가게를 아예 모르는 '낮은 인지도' 문제다. 이때는 지역 커뮤니티 활용이 핵심이다. 지역 맘카페나 동네 커뮤니티에 주 2회 이상 매장 소식을 정기적으로 업데이트하고, 해시태그 전략을 활용해 검색 노출도를 높여야 한다. 또한 매주 화요일과 목요일에는 '1+1 체험 이벤트'를 진행하고, 이를 SNS에 인증한 고객에게 추가 할인을 제공하여 입소문을 유도한다. 더불어 네이버 플레이스와 카카오맵에 매장 정보를 상세히 등록하고, 주변 정류장이나 지하철역에서 오는 길을 사진과 함께 안내하면 효과적이다.

두 번째는 '높은 인지도, 낮은 구매율' 문제다. 가게는 유명한데 실제 매출로 이어지지 않는 경우다. 이는 보통 제품의 품질이나 가격정책에 문제가 있다는 신호다. 이런 경우 과감한 고객만족 정책이 필요하다. 첫 방문 고객에게 '만족도 120% 보장제'를 도입하여, 제품이 마음에 들지 않으면 전액 환불은 물론 음료를 무료로 제공하는 것이 좋다. 매달 첫째 주에는 신메뉴 시식회를 열어 잠재 고객의 진입장벽을 낮추고, 참여 후기를 SNS에 공유하도록 유도한다. 더불어 구매 금액의 10% 정도를 적립해주는 멤버십 프로그램을 도입하면 구매 전환율을 높일 수 있다.

세 번째는 '관심은 높은데 실제 방문이 저조한' 경우다. 온라인에서 호응은 좋지만 매장 방문으로 이어지지 않는 것이다. 이때는 온라인과 오프라인을 연결하는 전략이 중요하다. 온라인 주문 시 '매장 픽업 15% 할인' 혜택을 제공하고, 첫 방문 고객에게는 미니 샘플 세트를 증정하는 것도 효과적이다. 인스타그램 라이브 방송으로 매주 수요일 '오늘의 추천 메뉴' 소개 시간을 갖고, 라이브 시청 인증 시 당일 20% 할인 쿠폰을 제공한다. 특히 바쁜 직장인을 위해 점심시간 예약 주문 서비스를 도입하고, 10분 내 픽업이 가능한 전용 카운터를 운영하면 방문 전환율을 크게 높일 수 있다.

 가장 중요한 것은 우리 가게가 이 세 가지 중 어떤 문제를 겪고 있는지 정확히 진단하는 것이다. 구글 애널리틱스나 네이버 애널리틱스 같은 분석 도구를 활용하면, 어느 단계에서 고객이 이탈하는지 쉽게 파악할 수 있다. 문제가 어느 지점에 있는지를 정확히 알아야 효과적인 해결책도 찾을 수 있기 때문이다.

 자영업의 성공을 위해서는 우리 가게로 찾아오는 고객들의 경로를 정확히 파악하고, 특히 온라인 고객의 구매여정에서 어느 단계가 취약한지를 분석하는 것이 필수다. 이러한 데이터 기반의 분석만이 효과적인 마케팅 전략 수립의 기초가 될 수 있다.

고수의 체크포인트

- QR코드나 설문을 통해 고객의 유입 경로를 추적하고 있는가?
- 우리 매장은 세 가지 시나리오(인지도 부족형, 구매전환 저조형, 방문 전환 저조형) 중 어디에 해당하며, 적절한 해결방안을 적용하고 있는가?

검색되지 않으면
존재하지 않는다

"제가 디자인한 케이크는 정성과 품질 면에서 정말 자신 있는데, 왜 주문이 늘지 않을까요?"

얼마 전 만난 한 레터링 케이크 전문점 사장님의 고민이다. 인터뷰하면서 몇 가지를 살펴보니 문제의 핵심은 단순했다. 온라인에서 가게를 찾기가 어려웠던 것이다. 아무리 레터링 실력이 뛰어나고 케이크가 맛있어도, 검색되지 않으면 존재하지 않는 것과 같기 때문이다.

내가 제안한 것은 '문 앞으로 찾아오는 케이크'라는 콘셉트이었다. '생일 케이크 배달', '승진 축하 케이크', '입학 축하 레터링' 같은 목적성 키워드를 전면에 내세웠다. 특히 인스타그램과 네이버에서 자주 검색되는 '깜짝 생일 케이크', '감동 프러포즈 케이크' 등의 키워드를 적극 활용했다. 사람들이 가게를 찾는 첫 번째 수단은 인터넷 검색이다. '내 주변 케이크', '당일 주문 케이크', '레터링 케이크 추천'과 같은 검색어는 소비자들이 일상적으로 사용하는 키워드다. 구글의 연구에 따르면, 소비자는 구매 결정 전 평균 10개 이상의 정보를 탐색한다. 이제 검색은 선택이 아닌 필수다.

이러한 검색 중심의 소비 형태는 실제 고객들의 목소리에서 더욱 분명하게 확인된다. 최근 한 고객이 남긴 리뷰가 인상적이었다. "요즘은 무조건 검색부터 해요. '레터링 케이크 맛집'을 검색했더니 이 가게가 네이버 평점 4.8점이더라고요. 조작이 불가능한 평점이라 더 신뢰가 갔죠. 실제로 가보니 역시나였어요!"

이처럼 현대 소비자의 구매여정은 검색으로 시작한다. 이를 학계에서는 'ZMOT(Zero Moment of Truth)'라고 부른다. 구매 결정 이전에 온라인에서 정보를 탐색하는 단계로, 우리말로는 '사전접점'이라고도 부른다. 실제로 성공한 소상공인들의 공통점을 살펴보면, 이 사전접점 관리에 성공한 경우가 많다. 예를 들어 서울 연남동의 한 베이커리는 '연트럴파크', '연남동 산책', '연남동 디저트' 같은 키워드를 전략적으로 활용해 월 매출 2천만 원을 달성했다.

특히 주목할 만한 점은 이 베이커리가 SNS 해시태그와 검색 키워드를 연계해 시너지를 만들어냈다는 것이다. 고객이 특정 기업을 실제로 접하기 전에 온라인에서 먼저 알게 되는 것이 일반적이다. 따라서 이 사전접점을 어떻게 관리하느냐가 비즈니스의 성패를 좌우한다. 기업이 평범한 수준의 경험만 제공한다면 고객이 이를 기억하거나 언급할 이유가 없다. 즉, 검색 결과에서 상위에 노출되는 것은 단순한 기술적

성과가 아니라, 고객경험의 총체적 결과물이라고 할 수 있다.

레터링 케이크 전문점의 사례를 통해 검색 노출을 높여줄 전략을 구체적으로 살펴보자.

첫째, 목적성 키워드를 세분화하라. '생일 케이크'라는 일반적 키워드보다는 '20대 생일 케이크', '남자친구 생일 케이크', '엄마 생일 케이크'처럼 구체적인 키워드가 효과적이다. 검색 경쟁이 적은 틈새 키워드를 선점하는 것이 중요하다.

둘째, 시기성 키워드를 선제적으로 준비하라. '크리스마스 레터링 케이크', '수능 합격 케이크', '어버이날 케이크' 등 특별한 날을 겨냥한 키워드는 최소 2개월 전부터 콘텐츠를 준비해야 한다.

셋째, 지역 기반 복합 키워드를 활용하라. '강남역 당일 케이크', '신촌 자정 케이크', '홍대 심야 레터링'과 같이 위치와 특성을 결합한 키워드를 등록하면 검색 순위가 높아진다.

넷째, SNS 해시태그와 검색 키워드를 연동하라. 인스타그램에 올라온 케이크 사진의 해시태그를 네이버 플레이스의 키워드와 일치시켜야 검색 효과를 극대화할 수 있다.

이러한 전략은 단순한 검색 노출을 넘어 실제 매출 증대로 이어진다. 앞서 언급한 베이커리의 사례처럼, 체계적인 키워드 전략은 월 매출을 수백만 원 단위로 끌어올릴 수 있는 핵심 요소다.

디지털 시대의 소상공인에게 이제 검색은 생존의 문제다. ZMOT 시대에 소비자들은 발품을 팔지 않는다. 대신 손가락으로 검색하고, 화면으로 비교하고, 클릭으로 결제한다. 이것이 새로운 소비의 법칙이다. 장사의 시작은 고객이 우리 가게를 검색을 통해 발견할 수 있게 만드는 것에서 시작한다.

고수의 체크포인트

- 매주 한 번은 주요 검색어에 대한 내 가게의 노출 순위를 체크하고 있는가?
- 계절, 트렌드 변화에 따른 새로운 키워드를 꾸준하게 발굴하고 있는가?

단순 할인을 넘어 감동을
선사하는 이벤트로!

자영업자에게 '이벤트(event)'는 단순히 고객을 유인하는 일시적 행사 이상의 의미를 가진다. 이벤트는 적은 비용으로도 높은 주목도를 끌어 낼 수 있으며, 고객에게 브랜드 이미지를 확실하게 각인시키는 효과적 마케팅 수단이다. 그러나 많은 자영업자들이 '이벤트' 하면 단순히 가격 할인이나 1+1 행사만을 떠올린다. 나는 이벤트가 고객 감동을 만드는 결정적 기회라는 것을 직접 경험했다.

15년 전, 외국계 은행에 근무할 때 처음 방문한 최앤이치과의 최기수 원장님은 나의 명함을 받았다. 평범한 진료 접수 과정이라 생각했는데, 다음 방문 때 놀라운 경험을 했다. 진료실 게시판에는 '장정빈 상무님, 환영합니다'라는 문구가 붙어 있었다. 10분의 진료 시간을 위해 준비한 작은 배려였지만, 그 순간 나는 수많은 환자 중 한 명이 아닌 특별한 고객이 된 듯한 느낌을 받았다. 15년이 지난 지금도 나는 그 치과의 단골고객이다.

한 건강검진 전문병원의 사례도 인상적이다. 이 병원은 불안감이 큰 수면내시경이나 대장내시경 회복 시 마스크팩을 제공하는 이벤트를 진행했다. 단순한 서비스 제공을 넘어, 불안한 내시경 경험을 편안한 경험으로 전환시키는 감동 포인트를 만든 것이다.

마케팅에서는 제품(product), 가격(price), 유통(place), 홍보(promotion)라는 4가지 핵심 요소를 고려하는데 이 관점에서 보면 이러한 이벤트는 제품이나 서비스의 가치를 높이고, 가격 경쟁력을 확보하며, 매장의 특별함을 만들고, 효과적인 프로모션 수단이 된다. 이처럼 이벤트는 적은 비용으로도 고객과의 소통을 높이고, 잊지 못할 경험을 선사해 재방문과 구전 효과를 모두 얻을 수 있는 핵심 전략으로 활용해야 한다.

하지만 많은 자영업자들은 여전히 이벤트 마케팅의 진정한 효과를 이해하지 못하고 있다. 그렇다면 이벤트 마케팅이 왜 이토록 중요할까?

미국의 한 연구에 따르면, 오직 스스로의 판단으로 물건을 구매하는 사람은 전체의 5%에 불과하다. 나머지 95%는 타인의 의견, 매체 정보, 가격, 브랜드의 영향력 등에 의해 '물건을 사도록 만들어진다.' 즉, 우리가 상품을 사는 것이 아니라, 상품이 우리를 '구매'하게 만든다는 표현이 더 적절하다. 그렇다면 자영업자는 어떻게 고객의 구매를 유도할 수 있을까? 그 해답이 바로 '이벤트 마케팅'이다. 이를 마케팅 4P 관점에서 살펴보자.

첫째, 제품(product) 관점에서 이벤트는 고객경험을 높이는 수단이다. 'ㅇㅇ연탄' 고기가게는 추석 명절에 윷놀이 이벤트를 열어 식사 이상의 특별한 경험을 제공했다. 음식점이라면 특별 메뉴 체험이나 무료 시식회로, 옷가게라면 시즌별 할인 쿠폰이나 한정 수량 프로모션으로 고객의 관심을 끌 수 있다.

둘째, 가격(price) 관점에서는 시간제한형 할인으로 특정 시간대 매출을 증대할 수 있다. 단, 이는 단순한 가격 경쟁이 아닌, 고객과의 약속이 되어야 한다.

셋째, 유통(place) 관점의 대표적 사례로 인천의 한 고깃집을 들 수 있다. 이 매장은 2층으로 올라가는 계단에 피아노 건반 소리가 나게 해 불편한 공간을 즐거운 체험의 장소로 탈바꿈했다.

넷째, 프로모션(promotion) 관점에서는 '맡겨둔 커피' 캠페인이 인상적이다. 어려운 이웃을 위해 커피를 미리 결제해두는 이 캠페인은 2년 만에 34개국으로 확산되며 단순한 판촉을 넘어선 감동을 전했다.

이벤트는 크게 판촉 할인형과 재미·경험 제공형으로 나눌 수 있다. 판촉 할인형은 '오전 10시~오후 1시 조기 방문 고객 20% 할인', '1+1프로모션' 등으로, 단기간에 매출을 끌어올리는 효과가 있다. 하지만 과도한 할인은 수익성을 악화시킬 수 있어 기간과 할인율 설정에 신중해야 한다.

재미·경험 제공형은 'SNS 팔로우 이벤트', '포토존 인증샷 이벤트', '정기 쿠킹 클래스' 등이 있다. 이는 고객이 직접 참여하고 브랜드 스토리를 체험하도록 함으로써 장기적으로 브랜드 애착을 높이는 효과가 있다.

이벤트를 실행할 때는 다음 사항을 반드시 체크해야 한다.

첫째, 신규 고객 유입인지 단골 강화인지 등 명확한 목표를 설정해야 한다.

둘째, 할인율과 예산을 정확히 산정하여 이벤트 후에도 재무적 안정성을 유지할 수 있도록 한다.

셋째, '지금 구매 시 20% 할인' 또는 '한정 50개' 같은 단순하고 직관적인 메시지를 전달해야 한다.

넷째, 매장의 브랜드 스토리와 이벤트가 잘 맞아떨어져야 한다. 예를 들어 환경보호를 강조하는 카페라면 '텀블러 지참 고객 특별 할인'과 같은 이벤트가 효과적이다.

마지막으로, 이벤트 종료 후에는 반드시 고객 반응과 매출 데이터를 분석하여 다음 이벤트에 반영해야 한다. '이벤트 참여 후 매출 상승폭'이나 'SNS 언급량' 등을 통해 효과를 측정하고 개선점을 파악하는 것이 중요하다.

자영업자에게 있어 단순한 판촉 수단이 아닌, 고객의 마음을 움직이는 특별한 경험을 설계하는 것이 이벤트 마케팅의 핵심이다. 95%의 소비자가 외부 요인에 의해 구매 결정을 한다는 점을 고려할 때, 특히 감동과 경험을 제공하는 이벤트는 강력한 마케팅 수단이 된다. 판촉 할인형과 재미 · 경험 제공형 이벤트를 적절히 조합하여 단기 매출 증대와 장기적 브랜드 가치 제고의 균형을 맞추는 것이 성공의 열쇠다.

고수의 체크포인트

- 우리 매장만의 특별한 스토리를 담은 이벤트인가, 아니면 단순한 가격 할인에 그치고 있는가?
- 이벤트의 목표 설정부터 실행, 사후 분석까지 체계적인 관리 시스템을 갖추고 있는가?

스마트 기술,
어떻게 활용할 것인가

K대 관광대학원 외식경영학과 제자인 구 사장님이 수업이 끝난 후 자문을 요청했다. 그가 운영하는 수제 돈가스 가게는 음식 맛으로 입소문이 나 있었다. "이런 돈가스는 처음이에요. 일본에서 배우고 오신 거죠?"라는 찬사를 받을 정도였다. 하지만 주말마다 키오스크에서 번호표를 뽑고 기다리다 지쳐 돌아가는 손님들 때문에 고민이 많았다. 대기 시간이 길어지면서 불만을 토로하는 손님도 늘어났고, 결국 일부 손님들은 20분도 채 기다리지 못하고 발길을 돌리곤 했다.

나는 몇 가지 질문을 던졌다.

"고객이 평균 몇 분 정도 기다리나요?",

"그냥 가버린 고객은 몇 %나 되나요?",

"불평하는 고객에게는 어떻게 대응하시나요?",

"그냥 가버린 고객에게 어떤 후속 조치를 취하시나요?"

그는 불평하는 고객에게 "죄송합니다. 평일 오후 3시 이후면 한산합니다"라는 식의 소극적 대응만 하고 있었고, 이탈 고객에 대해서는 "그냥 가버렸는데 도리가 없죠"라며 아무런 조치도 취하지 않고 있었다. 키오스크를 도입한 이유를 물어보자 "당연히 인건비 절감 때문이죠. 홀이 바쁠 때 직원 1명 몫은 충분히 하니까요"라고 답했다.

나는 그의 생각이 너무 단편적이라고 판단했다. 스마트 기술 도입의 진정한 가치는 단순한 인건비 절감이 아니라 '디지털 흔적'을 통한 고객관리에 있다고 설명했다. 누가 언제 방문했다가 돌아갔는지, 주문부터 서빙까지 얼마나 걸렸는지, 어떤 메뉴가 서빙까지 시간이 더 오래 걸리는지 등의 데이터를 분석하여 서비스 전략을 수립할 수 있으며, 이탈 고객에게는 사과 메시지와 할인 쿠폰을 보내고, 오래 기다린 고객에게는 사이드 메뉴를 서비스하는 등 적극적인 고객관리가 가능하다고 조언했다.

스마트 기술은 단순히 비용 절감 도구가 아니라, 축적되는 데이터를 마케팅 전략과 고객관리에 활용하는 것이 진정한 목표여야 한다. 즉, 디지털 기술로 수집한 데이터를 분석하여 숨겨진 고객의 불만을 찾아내고 이를 해결함으로써 단골고객을 확보할 수 있는 것이다.

최근 디지털 추세에 따라 많은 자영업자들이 스마트 기술을 도입하고 있으며 그 효과도 상당하다. 배달 전문점을 운영하는 박 사장님은 최근 배달 플랫폼의 높은 수수료 부담을 줄이고자 홀 영업을 강화하기로 했다. 그러나 배달과 홀 영업을 동시에 하다 보니 고객 응대와 서비스에 문제가 생겼다. 이를 해결하기 위해 중소벤처기업부의 '스마트상점 기술보급사업'에 지원했고, 키오스크와 디지털 사이니지를 도입할 수 있었다. 그 결과 추가 인력 없이도 효율적인 매장 운영이 가능해졌다.

한 동네 베이커리는 키오스크와 CRM 시스템을 연동하여 고객 데이터를 수집하고 분석했다. 시간대별 인기 메뉴를 파악하여 오전에는 샌드위치와 커피 세트, 오후에는 케이크류 중심의 맞춤형 프로모션을 진행했다.

온라인 리뷰 분석 결과 재방문율이 낮다는 것을 발견한 한 고깃집은 고객 데이터를 활용해 해결책을 찾았다. 숙취 해소 음료를 제공하고 외투를 보관할 수 있는 특별한 커버를 준비하는 등 세심한 서비스를 추가했다. 또한 디지털 사이니지를 통해 고기의 숙성 과정과 조리법을 소개하는 영상을 상영하여 신뢰도를 높였다.

이처럼 스마트 기술은 단순한 비용 절감을 넘어 '디지털 흔적'을 통해 과학적인 매장 운영을 가능하게 한다. 고객의 구매 이력, 피드백, 선호도 등의 데이터를 축적하고 분석하여 개인화된 마케팅과 서비스를 제공할 수 있다.

앞서 살펴본 고깃집과 베이커리 사례처럼 스마트 기술을 효과적으로 활용하기 위해서는 다음과 같은 실천 전략이 필요하다.

첫째, 데이터 축적과 분석을 습관화해야 한다. 키오스크나 POS 시스템에서 얻은 매출 데이터를 주기적으로 분석하여 시간대별, 메뉴별, 고객별 패턴을 파악하고, 이를 통해 탄력적인 가격정책과 프로모션 전략을 수립해야 한다.

둘째, 수집된 데이터를 고객 서비스 개선에 적극 활용해야 한다. 오래 기다리다 돌아간 고객에게는 사과 메시지와 함께 다음 방문을 위한 할인 쿠폰을 제공하고, 대기 시간이 길었던 고객에게는 사이드 메뉴를 무료로 제공하는 등 불편 사항을 개선하여 단골로 만드는 서비스 전략이 필요하다.

셋째, 하이브리드 운영으로 진입장벽을 낮춰야 한다. 디지털 기기에 익숙하지 않은 고객을 배려하여 카운터결제나 직원 응대 등 전통적인 서비스를 병행하고, 키오스크 옆에 사용법 안내문을 비치하는 등 기본적인 서비스를 놓치지 말아야 한다.

이러한 전략들은 '디지털 패러독스'를 잘 보여준다. 즉, 디지털화가 진행될수록 오히려 사람의 역할이 더욱 중요해진다는 점이다. 스마트 기술은 직원들이 더 나은 서비스를 제공할 수 있도록 돕는 보조 수단으로 활용되어야 한다.

'디지털 기술 자체'가 성공의 열쇠는 아니다. 워런 버핏이 "비를 피하는 방법은 여러 가지지만, 그저 우산만 들고 있다고 되는 것이 아니다"라고 말했듯이, 기술을 도입하는 것만으로는 부족하다. 스마트 기술은 인건비 절감을 넘어 데이터를 기반으로 한 과학적 경영의 도구가 되어야 한다. 수집된 데이터로 고객을 이해하고, 여기에 인간적 감성을 더한 서비스를 제공할 때, 비로소 진정한 '디지털 시대의 장사 철학'이 완성된다.

덧붙여 팔면
매출이 두 배로 뛴다

어느 날 수협의 CS를 총괄하고 있는 안 팀장이 내게 전화를 했다. "제 지인이 숭실대 앞에서 홍루이젠이라는 샌드위치 점을 냈어요. 교수님이 한번 들러서 매출도 올려주시고 여러 조언도 해주세요"라는 부탁이었다. 어느 날 강의 전에 요기도 할 겸 방문해보니 좁은 공간이었지만 주문 전화가 수시로 걸려왔다. 사장님께 "장사가 잘되나요?"라고 물어봤더니 "주문 전화는 자주 오지만 객단가가 낮아서 그렇게 돈이 되지는 않습니다"라는 답변이었다. 수익성이 별로라는 의미였다.

매출을 늘리는 방법은 단순하지만 명확하다. 첫째, 더 많은 손님이 매장을 방문하도록 유도하는 것, 둘째, 객단가를 높이는 것, 셋째, 재방문율을 높이는 것이다. 메뉴판을 보니 커피도 함께 판매하고 있기에 샌드위치를 단체 주문할 때마다 "혹시 커피는 필요하지 않으세요?"라고 꼬박꼬박 질문하라고 조언해주었다. 객단가를 높이는 가장 쉬운 방법이 바로 이런 교차판매를 적극적으로 시도하는 것이기 때문이다.

주문 전화가 자주 걸려오는 것은 분명 좋은 신호다. 하지만 한 번의 주문으로 끝나는 것이 아니라, 추가 구매를 유도하고 더 나아가 재방문까지 이어지도록 만드는 것이 장기적인 매출 증대의 핵심이다. 고객이 전화 주문을 할 때마다 커피나 음료수를 함께 권하는 작은 습관이, 결과적으로는 큰 매출 차이를 만들어낼 수 있다고 설명했다. (그날 샌드위치는 공짜로 얻어먹었다.) 이것을 교차판매라고 한다.

여의도에 근무할 때의 일이다. 구두를 닦으러 갔더니 아저씨가 내 구두를 뒤집어 보면서 "뒷굽 갈 때가 됐는데요"라고 권유했다. "그럼 그러죠" 했더니, 당시 광택 내는 데 2천 원, 뒷굽 교체하는 데 8천 원을 받았다. 일주일쯤 후에 다시 들렀더니 아저씨가 또다시 "손님, 뒷굽도 갈아드릴까요?"라고 물었다. 일주일 전에 뒷굽을 갈았는데 말이다. 모든 고객에게 같은 제안을 하고 있었던 것이다.

교차판매(크로스셀링)는 자영업이나 소상공인의 마케팅 전략 중에서 가장 직관적이면서도 효과가 빨리 나타나는 방법이다. 특히 자영업자에게 교차판매는 '한 명의 고객을 두 명의 가치로 만드는 기술'이라 해도 과언이 아니다. 매장에 들어온 고객이 원하는 상품 하나만 사고 끝나지 않고, 추가 상품까지 구입하는 작은 변화가 쌓이면 결국 월 매출, 연 매출이 크게 달라진다.

하지만 많은 자영업자들이 '우리 제품이 훌륭하니' 자연스럽게 여러 제품을 구매해줄 것으로 오해한다. "커피는 필요하지 않으세요?", "뒷굽도 갈아드릴까요?"라는 짧은 멘트 하나가 큰 차이를 만들 수 있다. 많은 자영업자들이 이것을 '구걸'처럼 느껴 망설이지만, 실제로는 서로에게 득이 되는 좋은 기회다. 교차판매가 처음에는 '객단가 상승'에서 끝나는 듯하지만, 결국에는 방문 횟수를 늘리고 고객 수 자체를 늘리는 데도 크게 기여하게 된다.

교차판매를 효과적으로 실행하기 위해서는 세밀한 전략과 실천이 필요하다.

먼저, 고객이 구매한 상품과의 연관성과 보완성을 고려해야 한다. 예를 들어, 식당에서는 메인 메뉴와 어울리는 사이드 메뉴나 음료를, 미용실에서는 시술 후 홈케어 제품을, 문구점에서는 연관된 필기구나 노트를 추천하는 식이다.

두 번째로 중요한 것은 적절한 가격 설정이다. 추가로 권하는 상품의 가격이 주 상품의 가격과 비교해 너무 높으면 고객이 부담을 느낀다. 양복점에서는 양복 구매 고객에게 10분의 1 정도 가격대의 넥타이나 벨트를 추천하고, 카페에서는 음료 주문 시 디저트를 절반 가격에 제공하는 등의 전략이 효과적이다.

실제 교차판매를 할 때는 단순히 "다른 것도 필요하세요?"라고 묻는 대신, 구체적인 장점을 설명해야 한다. "이 스킨케어 제품은 오늘 받으신 트리트먼트 효과를 집에서도 지속할 수 있어요" 또는 "이 와인은 오늘 주문하신 스테이크와 궁합이 특히 좋습니다"처럼 구체적으로 제안한다. 여기에 작은 할인이나 포인트 혜택을 더하면 구매 결정을 더욱 촉진할 수 있다. 예를 들어 '세트로 구매하시면 10% 할인' 같은 혜택을 제공하거나, '디저트 주문 시 음료 쿠폰 증정' 등의 프로모션을 활용하는 것이다.

무엇보다 중요한 것은 추가 서비스나 상품을 고객이 요청하기 전에 먼저 제안하는 것이다. 이때 매출 증대를 위한 노골적인 권유는 피하고, '단지 고객님의 행복을 위해 조언할 뿐'이라는 진정성 있는 태도로 접근해야 한다. 예를 들어 고객이 샌드위치를 주문했다면, 즉시 음료를 권하기보다 "오늘 주문하신 샌드위치와 함께 저희 매장의 시그니처 레몬에이드를 곁들이시면 더욱 풍부한 맛을 즐기실 수 있습니다"와 같이 자연스럽게 제안하는 것이 효과적이다.

교차판매의 진정한 가치는 단순한 매출 증대 전략이 아니라, 고객의 필요를 미리 파악하고 적절한 제안을 통해 만족도를 높이는 것이다. 이러한 노력이 쌓이면 자연스럽게 매출 증대로 이어지고, 더 나아가 단골고객 확보라는 선순환으로 발전할 수 있을 것이다.

고수의 체크포인트

- 우리 매장의 교차판매 품목들이 단순히 매출을 위한 것이 아닌, 고객의 만족도를 높일 수 있는 제안인지 점검해보자.
- '이런 상황에서는 이렇게 제안하면 좋겠다' 싶은 구체적인 멘트를 직원들과 함께 연습해보자.

전화는
통화하는 데만 쓴다?

"혹시 아파트 청약예금이나 다른 서비스에도 관심이 있으신가요?"

K은행 내방역 지점장으로 근무하던 시절, 탁 팀장은 걸려온 전화를 판매 기회로 바꾸는 데 탁월한 능력을 보였다. 전세자금대출 문의로 시작된 고객과의 통화를 마무리하면서 그녀는 자연스럽게 이런 질문을 던졌다. 전세자금 대출을 문의한 고객은 새 아파트 청약예금에도 관심이 있을 거라는 생각에서였다. 고객은 아파트 청약 상품에 관심을 보였고, 탁 팀장은 고객 정보를 확인한 뒤 간단한 안내장과 함께 본인 연락처를 담은 문자를 발송했다. 며칠 후, 고객은 다시 전화를 걸어왔고, 결국 청약 상품 가입으로 이어졌다.

얼마 전 한 꽃집에서 목격한 일이다. 꽃다발 주문을 위해 걸려온 전화에서 사장님은 "어떤 분께 드리는 건가요?" "예산은 어느 정도로 생각하시나요?" "꽃말도 함께 알려드릴까요?"라고 물으며 자연스럽게 대화를 이어갔다. 상담이 끝나갈 무렵 "혹시 꽃병도 함께 구매하시면 20% 할인해 드릴 수 있는데 어떠세요?"라고 제안했다. 고객은 흔쾌히 수락했고, 사장님은 꽃다발과 꽃병의 사진, 꽃 관리법이 담긴 안내 문자까지 보냈다.

전화는 고객과 직접적으로 소통할 수 있는 가장 빠른 방법이다. 고객의 문의나 요청에 실시간으로 응답하며 신뢰를 쌓을 수 있고, 특히 고객의 목소리 톤이나 반응을 통해 니즈를 파악해 맞춤형 제안을 할 수 있어 다른 수단보다 관계 형성에 유리하다.

전화는 즉각적 소통과 매출 증대를 동시에 실현할 수 있는 효과적인 마케팅 수단이다. 전화를 통한 마케팅은 크게 네 가지 방식으로 활용할 수 있다.

첫째, 기본적인 전화 상담을 판매로 연결하는 방식이다. 예를 들어, 고객이 메뉴를 문의하면 "요즘 인기 있는 계절 메뉴를 추천해 드릴까요?"라고 자연스럽게 제안하는 것이다. 실제로 한 디저트 카페는 예약 전화를 받을 때마다 홀케이크나 선물세트를 추천해 매출을 크게 늘렸다.

둘째, 전화 후 자동 발송되는 문자나 카톡을 활용하는 방식이다. 상담이 끝난 후 관련 상품 정보나 할인 쿠폰을 발송하면 추가 구매로 이어질 확률이 높아진다. 한 피부관리실은 상담 전화 후 '첫 방문 고객 30% 할인 쿠폰'을 문자로 발송해 예약률을 높였다. 특히 상담 내용을 기록하고 데이터베이스화하여, 고객의 관심사에 맞는 맞춤형 정보를 지속적으로 발송하는 것이 효과적이다.

셋째, AI 통화비서와 콜백 서비스를 활용하는 방식이다. KT의 'AI링고' 같은 서비스로 24시간 예약을 받고, 부재중 전화에는 자동 문자를 발송하여 고객 응대율을 높일 수 있다. 한 미용실은 콜백 서비스로 놓친 전화를 모두 관리하여 예약률을 40% 높였다. 콜백 서비스와 함께 CRM을 연동하면 상담 내역을 체계적으로 관리하고 고객별 맞춤 서비스가 가능해지는 장점도 있다.

넷째, V비즈링을 활용한 마케팅이다. V비즈링은 통화 연결음으로 짧은 홍보 영상을 틀어주는 서비스로, 60초 이내의 시간을 효과적인 광고 기회로 활용할 수 있다. 예를 들어 '오늘의 추천 메뉴' 영상을 보여주거나 '신메뉴 출시 기념 할인' 소식을 전달할 수 있다. V 비즈링의 장점은 일반 광고와 달리 이미 관계가 형성된 고객들에게 노출되므로 거부감이 적고, 계절이나 이벤트에 맞춰 콘텐츠를 수시로 교체할 수 있다는 점이다.

전화는 이처럼 다양한 마케팅 도구로 활용될 수 있으며, 체계적 관리를 통해 고객만족도와 매출 증가에 크게 기여할 수 있다.

전화를 효과적인 마케팅 도구로 활용하기 위한 핵심 체크포인트는 다음과 같다.

첫째, 전화 응대의 기본을 철저히 지켜야 한다. "지금 통화 괜찮으신가요?"로 시작해 고객의 시간을 존중하고, 메모하며 경청하는 자세로 임한다. 통화 종료 시에는 "제가 정리해드린 내용이 맞는지 확인해드려도 될까요?"라고 물어 예약사항 등 오해가 없도록 한다. 이는 추후 콜백 서비스나 문자 발송의 정확도를 높이는 데도 도움이 된다.

둘째, 무리하지 않는 자연스러운 설득이 중요하다. "꼭 필요하신 경우에만 이용하셔도 됩니다. 다만, 지금은 [이벤트/할인] 중이어서 추천 드렸습니다"와 같이 부담 없는 제안으로 신뢰를 쌓아야 한다. 이는 AI 통화비서나 V비즈링 메시지를 구성할 때도 동일하게 적용된다.

셋째, 고객 데이터 관리 시스템을 구축해야 한다. 통화 중 자연스럽게 "관련 자료를 보내드리기 위해 주소를 알려주시면 감사하겠습니다"라고 하며 고객 정보를 수집하고, 이를 데이터베이스화하여 마케팅에 활용한다.

넷째, 상황별 대응 매뉴얼을 준비해야 한다. 문의 전화, 불만 접수, VIP 응대, 긴급 상황 등 다양한 상황에 대한 표준 응대 절차를 마련하고, 이를 실무에 활용한다. 특히 추가 제안이나 정보 수집이 필요한 상황에서는 미리 준비된 문구를 활용하면 더욱 자연스러운 응대가 가능하다.

이러한 체크포인트들을 꾸준히 실천하고 개선해나간다면, 전화는 단순한 응대 수단을 넘어 강력한 마케팅 도구로 자리 잡을 수 있을 것이다.

전화는 더 이상 단순한 소통 수단이 아니다. 고객의 목소리를 직접 들으며 신뢰를 쌓고, 즉각적인 피드백을 통해 맞춤형 제안을 할 수 있는 강력한 마케팅 도구다. 특히 자영업자에게 전화는 대기업과 차별화된 개인화 서비스를 제공할 수 있는 핵심 수단이 된다. 전화를 통한 적극적인 고객관리와 마케팅은 단골고객 확보와 매출 증대로 이어지는 성공의 지름길이 될 것이다.

고수의 체크포인트

- 우리 매장은 전화 한 통 한 통을 소중한 마케팅 기회로 적극 활용하고 있는가?
- 콜백 서비스나 V비즈링과 같은 전화 마케팅 도구를 효과적으로 활용하고 있는가?

나의 고객은 또 다른
누군가의 고객이다

"요즘 반려동물 산업이 많이 변했죠. 견주들의 사랑이 정말 대단해요. 우리 호텔에는 유치원도 있고, 수영장도 있어요. 재활치료까지 하는 아이들도 있답니다."

자영업자 대상 강의에서 만난 애견호텔 사장님의 이야기였다. 반려동물을 위한 서비스가 이토록 진화했다는 사실이 새삼 놀라웠다. '가슴으로 낳아 지갑으로 키운다'는 말이 과언이 아니었다.

"주로 어떤 방식으로 마케팅을 하시나요?"라고 내가 묻자 사장님은 SNS 마케팅을 한다고 했다. 특히 인스타그램에서 반려견들의 일상을 공유하면서 견주들과 소통한다고 했다. "매일 호텔에 오는 강아지들 사진을 올리고, 수영하는 모습이나 놀이터에서 노는 영상도 공유해요. 그러다 보니 자연스럽게 입소문이 나더라고요."

"그런데 호텔을 처음 찾는 고객들은 어떤 경로로 오시나요?"라고 물었다. 사장님은 잠시 생각하더니 "대부분 기존 고객의 추천으로 오시는데, 처음 반려견을 키우시는 분들은 아무래도 동물병원이나 펫숍의 소개로 오시는 경우가 많아요. 하지만 그런 곳과 제휴 마케팅은 아직 체계적으로 해보지 못했네요."라고 답했다

자영업을 하면서 자기 사업에 몰두하다 보면 큰 그림을 놓치는 경우가 있다. 그중 하나는 '고객은 오늘 하루 동안 단 한 번 나만 만나고 끝난다'고 생각하기 쉽지만, 사실 내 고객은 곧바로 다른 누군가의 고객이 된다. 내가 K은행의 지점장으로 있을 때도 이러한 생각이 큰 도움이 됐다. 약 7천여 세대의 아파트 밀집단지에서 주택구입자금 대출고객을 잡기 위한 은행 간의 경쟁이 치열했는데, 나는 '길목 지키기' 전략을 택했다. 부동산 중개소와 손을 잡으니 매매계약서 작성 시점에서 대출이 필요한 고객을 정확히 포착할 수 있었다.

나는 나의 경험을 바탕으로 애견호텔 사장님에게 제안했다. "고객이 우리 회사를 찾아오는 길목을 찾아내는 게 중요합니다. 분유 회사들이 왜 산부인과나 산후조리원에 집중할까요? 엄마들이 처음 분유를 고를 때는 특별한 기준이 없어서 산후조리원의 추천을 따르는 경우가 많거든요. 한번 선택한 브랜드는 잘 바꾸지 않죠. 애견호텔도 마찬가지예요. 반려견을 처음 입양한 견주들이 자주 찾는 동물병원이나 펫숍과 협업하면 어떨까요? 그곳이 바로 고객을 만나는 '길목'이 될 수 있습니다."

사장님은 "그러고 보니 저희 호텔 근처에 큰 동물병원이 있는데, 그동안 한 번도 그런 생각을 못 했네요. 당장 원장님과 이야기를 나눠봐

야겠어요."라고 호응했다.

이처럼 나의 고객이 다른 누군가의 고객이라는 관점은 마케팅 이론에서도 중요하게 다루어진다. 때로 사업주들은 고객의 구매행동이라는 큰 그림을 보지 못한다. 하지만 고객이 우리와 거래하기 전후에 누구와 거래하는지 살펴보면, 미처 개척하지 못했던 새로운 수익원을 발굴할 수 있다. 예를 들어 애견호텔이 근처 동물병원과 협업하면, 병원은 새로운 고객에게 '애견호텔 1박 무료 숙박권'을 제공할 수 있다. 병원 입장에서는 고객 서비스가 되고, 호텔 입장에서는 신규 고객 확보의 기회가 된다.

실제로 이런 기프트 카드를 받은 고객의 80% 이상이 실제로 호텔을 방문하고, 그중 상당수가 단골이 된다는 점에서 투자 대비 높은 수익을 기대할 수 있다. 더 나아가 이러한 협업은 각자의 브랜드 가치도 높인다. 동물병원은 '고객을 위해 특별한 혜택을 제공하는 병원'이라는 이미지를, 애견호텔은 '전문 동물병원이 인정한 호텔'이라는 신뢰를 얻을 수 있다. 이처럼 서로 다른 업종 간의 협업은 단순한 제휴나 마케팅을 넘어, 브랜드 가치 상승과 매출 증대라는 윈윈(win-win) 효과를 만들어낸다.

협업의 형태는 다양하다. 기프트 카드나 할인권 교환, 공동 마케팅 이벤트, 고객 추천 프로그램 등 각자의 상황에 맞는 방식을 선택할 수 있다. 중요한 것은 서로의 고객층을 이해하고, 각자의 강점을 살려 시너지를 만들어내는 것이다.

이러한 제휴 마케팅을 위한 핵심 체크포인트는 다음과 같다.

첫째, 고객의 구매여정을 정확히 파악하라. 고객이 우리 매장을 찾기 전후에 주로 방문하는 업종이나 장소를 세심히 관찰해야 한다. 이때 중요한 것은 경쟁 관계가 아닌 업종을 찾는 것이다. 예를 들어 카페라면 근처 미용실이나 학원, 반려동물 용품점이라면 동물병원이나 애견미용실과 협업하는 식이다.

둘째, 명확한 수익 공유 모델을 설계하라. 새로 유치되는 고객에 대한 수수료나 비용 정산 방식을 처음부터 간단명료하게 합의해야 한다. '첫 방문 고객의 결제 금액 중 10%를 소개비로 지급' 같은 방식이 좋은 예다. 이는 협력 관계를 지속가능하게 만드는 핵심이다. 단순한 할인보다는 '무료 체험권' 같이 구체적인 서비스를 제시하는 것이 효과적이다.

셋째, 협업의 범위를 디지털로 확장하라. SNS나 블로그, 유튜브 등을 통해 서로의 서비스를 자연스럽게 소개하고 공동 이벤트를 진행한다. 예를 들어 식당이라면 근처 학원과 제휴하여 SNS에서 '방과 후 특별 메뉴' 이벤트를, 미용실이라면 카페와 협업하여 '헤어스타일 변신 & 브런치' 패키지를 홍보하는 식이다. 이는 오프라인 협업의 효과를 온라인으로 확장시키는 동시에 새로운 고객층을 확보할 수 있는 전략이다.

포드자동차의 창업자 헨리 포드(Henry Ford)는 "함께 모이는 것은 시작이고, 함께 머무는 것은 발전이며, 함께 일하는 것은 성공이다"라는 유명한 말을 남겼다. 자영업자들은 한정된 시장 속에서 '홀로' 마케팅하기보다는, 고객이 전후로 거래하는 다른 자영업자들과 동맹을 맺고 협력하는 방식을 적극 고려해야 한다. 이는 광고비를 크게 들이지 않고도 새로운 고객을 유치할 수 있는 현실적이며 강력한 방안이다.

고수의 체크포인트

- 우리 매장의 고객들이 주로 어디를 거쳐 오고, 어디로 가는지 파악했는가?
- 협력할 수 있는 주변 업체들과 어떤 방식의 제휴가 가능한지 검토해 보았는가?

제 3 장

진정성으로 승부하라
[탁월한 고객경험 & 맞춤형 고객관리]

100-1=0,
디테일이 전부다

"디테일이 없으면 감동도, 중독도, 경쟁력도 없습니다."

지역 상권 분석 컨설팅을 진행하던 중 한 미용실 원장이 던진 질문에 나는 이렇게 답했다. 20년 경력의 그는 최근 들어 젊은 고객층이 줄어드는 현상에 대해 고민하고 있었다.

세련된 인테리어와 최신 기술을 내세운 경쟁업체들 사이에서 살아남기 위해 그녀가 먼저 선택한 것은 가격 경쟁이었다. 하지만 나는 다른 관점을 제시했다. "최근 조사에 따르면 가격이 저렴해서 미용실을 선택하는 고객은 20%에 불과합니다. 반면 고객경험의 퀄리티를 중시하는 비율은 65%에 달합니다."

실제로 깔끔하고 정성스럽게 미용실을 꾸미는 가게는 그렇지 않은 곳보다 단골손님이 30% 더 많았다. 머리 감을 때 쓰는 수건의 품질, 손님이 기다리는 공간의 쾌적성, 제공하는 음료의 질과 서비스 방식 등 작은 부분들이 모여서 그 가게만의 특별한 가치를 만들어내는 것이다.

한 달 후 그 미용실은 타월의 품질을 높이고 대기 공간을 개선하는 등 작은 변화를 도입한 결과, 재방문율이 눈에 띄게 상승했다. 고객의 입장에서 생각하고 디테일을 개선하는 것, 그것이 바로 비즈니스 성공의 관건이다. 하지만 이러한 작은 변화와 개선 노력은 일회성이 아닌 꾸준한 관심과 실천으로 이어져야 한다.

'100−1=0'은 자영업의 핵심 법칙이다. 99가지를 아무리 완벽하게 해도 단 하나의 실수로 모든 것이 무너질 수 있다는 의미다. 독일의 화학자 유스투스 폰 리비히(Justus von Liebig)는 이를 '최소율의 법칙'으로 설명했다. 식물이 아무리 좋은 환경에서 자라도 한 가지 영양분이 부족하면 성장이 나빠지는 것처럼, 사업에서도 가장 취약한 요소가 전체의 성과를 결정한다.

한 프리미엄 디저트 카페의 사례가 이를 잘 보여준다. 이 카페는 유명 파티시에가 만든 최고급 디저트로 인기를 끌었지만, 물컵의 얼룩 하나가 치명적 약점이 되었다. 고객들은 SNS 리뷰에 '디저트는 맛있지만 기본적인 위생 관리가 안 되는 곳'이라며 실망감을 표현했다. 결국 이 작은 디테일이 고급스러운 브랜드 이미지 전체를 무너뜨렸다.

미국의 시사주간지 「US 월드 앤 리포트」의 조사 결과는 더욱 충격적이다. 고객 이탈의 68%가 제품 품질이 아니라 사소한 서비스 불만에서 비롯된다. 직원의 퉁명스러운 말투, 늦은 응대, 깨끗하지 않은 테이블 등 작은 결함들이 쌓여 결국 고객을 영원히 잃게 만든다. 고객은 결코

'한 번쯤이야' 하고 넘어가지 않는다. 고객은 사소한 실수를 우리 매장의 전체 수준으로 받아들이는 것이다.

이처럼 최소율의 법칙은 우리에게 완벽한 서비스란 가장 취약한 고리만큼만 강하다는 것을 일깨운다. 고객은 우리 가게의 수준을 최고의 순간이 아니라 최악의 순간으로 기억한다. 그래서 100-1=0이라는 법칙은 자영업 성공의 핵심 원리가 된다.

다음은 100-1=0이 되지 않기 위한 핵심 실천사항이다.

첫째, 매일 아침 '첫 손님의 시선'으로 매장을 점검하라. 입실부터 퇴장까지 고객의 동선을 따라 걸으며 모든 접점을 체크한다. 식당이라면 간판과 현관의 청결도(입구 유리문의 지문 등 체크), 테이블의 흔들림 여부, 수저의 얼룩, 화장실 방향제의 잔량까지 고객이 접하게 되는 모든 것을 세세하게 살핀다.

둘째, '고객 불만 예측 리스트'를 만들어라. 과거의 고객 불만사항을 데이터베이스화하고, 이를 바탕으로 예방적 관리를 시행한다. 예를 들어 커피숍이라면 '얼음이 너무 많다', '음료가 너무 달다' 등의 잠재적 불만요소를 미리 파악하고 대응 매뉴얼을 준비한다.

셋째, 직원 교육은 '상황별 롤플레이'로 진행하라. 이론적 매뉴얼 교육을 넘어, 실제 발생할 수 있는 상황을 연습한다. 진상 고객 응대, 항의 처리, 바쁜 시간대 응대 방법 등을 실전처럼 훈련해 실수를 최소화한다.

넷째, '서비스 품질 모니터링 시스템'을 구축하라. 주기적으로 미스

터리 쇼퍼를 활용하거나, 매장 CCTV를 통해 서비스 품질을 점검한다. 특히 피크타임의 서비스 품질 악화 방지를 위해 시간대별 체크리스트를 만들어 관리한다.

마지막으로, '긴급 상황 대응 매뉴얼'을 준비하라. 갑작스러운 기계 고장, 재료 소진, 직원 결원 등 예상치 못한 상황에서도 서비스 품질이 떨어지지 않도록 대안을 마련해둔다. 이는 최소율의 법칙이 적용되는 위기 상황을 막아주는 안전장치가 된다.

디테일은 고객에게 전하는 우리의 진심이자, 사업의 진정한 경쟁력이다. 최소율의 법칙이 말해주듯, 하나의 작은 실수가 그동안 쌓아온 신뢰를 무너뜨릴 수 있다. 따라서 디테일한 관리와 꾸준한 점검만이 장사의 성공을 보장할 수 있으며, 작은 것 하나하나에 정성을 다하는 것이 바로 장사의 기본이자 성공의 비결이다.

고수의 체크포인트

– 매일 아침 첫 손님의 마음으로 매장을 점검하고 있는가?
– 고객의 불만사항을 최소율의 법칙 관점에서 분석하고 있는가?

100+1=200,
단골을 만드는 감동의 공식

얼마 전 속리산 아래에서 펜션을 운영하는 친구가 찾아왔다. 주말에만 손님이 있고, 평일에는 텅 비어서 고민이라는 이야기를 듣고 "겉보기에는 평범한데 주말은 물론이고 평일에도 예약을 하려면 몇 달을 기다려야 하는 펜션이 있다더군" 하고 이야기했더니 친구의 눈이 커졌다.

그 펜션의 특별함은 '우렁각시 서비스'에 있었다. 가족들이 놀고 있는 동안 젊은 사장님들이 저녁을 차려주고 설거지까지 해주는 서비스였다. 아이들과 놀고 싶지 부엌일은 하기 싫은 부모들의 숨은 니즈를 정확히 포착한 것이다.

"이게 바로 서비스의 예술이야." 나는 친구에게 설명했다. "우리는 흔히 예술을 그림이나 음악처럼 특별한 것으로만 생각하지. 하지만 진정한 예술은 이처럼 고객의 마음을 읽고, 그들의 삶을 더 풍요롭게 만드는 능력이야."

마케팅 분야의 세계적 권위자 세스 고딘(Seth Godin)은 『보랏빛 소가 온다』에서 "어느 분야가 유망하고 뜨는 게 중요한 게 아니다. 어디에서 든 남다른 차이를 만들어낼 수 있는 사람이 필요하다"고 말했다. 내 친구의 펜션도 마찬가지였다. 시류를 좇을 필요도, 남을 부러워할 필요도 없었다. 필요한 건 고객에게 특별한 가치를 제공하는 창의성이었다.

한 달 후, 친구는 평일 이용객을 위한 '속리산 도시락 패키지'를 시작했다. 등산객들을 위해 아침 일찍 도시락을 준비해주고, 산행 후엔 피로회복을 위한 족욕 서비스를 제공했다. 작은 변화였지만, 입소문을 타고 평일 예약률이 눈에 띄게 상승했다. 은행 입사동기에게 모처럼 도움을 준 사례다.

소상공인과 자영업자들은 대기업처럼 큰 자본이나 마케팅 비용을 투자하기 어렵다. 하지만 작은 노력과 진심 어린 서비스만으로도 고객의 마음을 사로잡을 수 있다. 이것이 바로 마이크로 밸류 마케팅(Micro value-marketing)이다. 마이크로 밸류 마케팅이란 고객이 예상하지 못한 '작고 사소한 가치'를 제공함으로써 큰 감동을 주는 전략이다. 고객의 기대를 넘어 한 발짝 더 나아가는 서비스로, '엑스트라 마일(extra mile)' 전략과 맞닿아 있다.

행동경제학자 리처드 탈러(Richard Thaler)의 '심적 회계' 이론에 따르면, 사람들은 예상치 못한 혜택을 받을 때 그 가치를 실제보다 더 크게 평가한다. 이것이 바로 '100+1=200'이라는 법칙의 근거다. 기본 서비스에 작은 감동을 더하면 고객만족도가 두 배가 된다는 원리다.

서울의 한 내시경 전문 병원은 이 원리를 특별한 방식으로 적용했다. 수면내시경을 받은 환자가 회복실에서 깨어나기를 기다리는 동안, 얼굴에 마스크팩을 올려주는 서비스를 제공했다. 불편하고 무기력할 수 있는 회복 시간이 '치유받고 대접받는 경험'으로 바뀐 것이다. 이 작은 배려 하나로 병원은 환자의 신뢰를 얻었고, 입소문을 타고 더 많은 환자가 찾아오게 되었다.

대구의 어느 식당은 매장 앞에 자동 구두닦이를 설치했다. 비가 오는 날이면 젖은 신발로 들어온 손님들이 자연스럽게 이용할 수 있게 했다. 사소해 보이는 이러한 배려가 손님들의 기억에 남는 특별한 서비스가 된 것이다.

제주도의 한 한라봉 농장주는 택배 주문 시 "배송 중 과일이 상할 수 있어 2개를 더 넣어드립니다"라는 손편지와 함께 추가 한라봉을 동봉했다. 이 작은 정성이 SNS를 통해 알려지면서 전국 각지에서 주문이 쇄도했다.

이처럼 사소하지만 특별한 서비스는 고객의 기억에 남는 감동이 된다. 마이크로 밸류 마케팅을 통해 '100+1=200'의 감동을 제공하는 소상공인이 늘어날 때, 작은 가게들의 경쟁력도 함께 높아질 것이다.

마이크로 밸류 마케팅의 실천을 위한 구체적인 체크포인트를 살펴보자.

첫째, 고객의 숨은 불편함을 발견하라. 앞서 사례로 든 내시경 전문 병원은 환자들이 회복실에서 느끼는 불편함을 포착, 마스크팩이라는 작은 서비스로 큰 감동을 주었다. 우리 매장을 이용하는 고객들의 작은 불편함은 무엇일지 고민해보자.

둘째, 상황에 맞는 맞춤 서비스를 준비하라. 비 오는 날 구두닦이를 준비한 식당처럼, 날씨와 계절에 따른 고객의 니즈를 파악하고 대응하는 것이 중요하다. 여름철 시원한 물수건, 겨울철 따뜻한 무릎 담요 등 시기적절한 서비스를 미리 준비해두자.

셋째, 배송이나 포장에도 정성을 담아라. 제주 한라봉 농장처럼 택배 상자 하나에도 진심을 담을 수 있다. 손편지 한 장, 예쁜 포장 리본 하나가 고객에게는 특별한 감동이 된다.

넷째, 직원들과 함께 실천하라. 아무리 좋은 서비스도 직원들의 공감과 실천이 없다면 지속될 수 없다. 주기적으로 직원들과 서비스 아이디어를 나누고, 고객들의 긍정적인 반응을 공유하여 동기를 부여하자.

마지막으로, 작은 서비스의 효과를 기록하고 발전시켜라. 어떤 서비스가 고객들에게 특히 좋은 반응을 얻었는지, SNS 후기는 어떤지, 재방문율에는 어떤 변화가 있는지 꾸준히 관찰하고 기록하자. 이를 바탕으로 우리 매장만의 시그니처 서비스를 만들어갈 수 있다.

이런 실천 항목들은 큰 비용 없이도 시작할 수 있는 것들이다. 중요한 것은 꾸준함과 진정성이다. 작은 시작이 모여 결국 고객 감동이라는 큰 결실을 맺을 것이다.

마이크로 밸류 마케팅은 작은 가게가 가질 수 있는 최고의 경쟁력이다. 대기업과는 다른, 세심하고 따뜻한 서비스로 고객의 마음을 사로

잡을 수 있다. 작은 감동 하나가 평생 고객을 만들고, 그것이 곧 장사의 본질임을 기억하자.

'결정적 순간'에
인간미를 더하라

"전 사장님께서는 한 테이블, 한 테이블 정말 정성껏 신경 쓰시던 분이셨어요. 그런데 내가 인수한 뒤에도 손님들의 리뷰를 보면 즉각적인 피드백이 올라옵니다. 특히 제 컨디션이 좋지 않거나 예상치 못한 일이 생겼을 때는 하루 안에 부정적인 리뷰가 바로 올라오더군요. 저는 이런 피드백을 최대한 빠르게 반영하고 개선하려 노력하고 있습니다."

영종도의 한 이탈리안 레스토랑을 최근 인수한 신임 사장님에게 들은 이야기다. 특히 인상 깊었던 것은 식사 전에 무료로 제공되는 '식전 빵' 서비스와 관련된 피드백이었다. "저희는 식전 빵을 무한리필로 제공하는데, 한번은 아르바이트생이 손님 테이블에서 접시를 말없이 가져와 빵을 리필했습니다. 당시에는 아무 문제없다고 생각했지만, 곧바로 '빵 리필을 부탁했는데 기분 나쁜 듯이 가져가셨다'는 리뷰가 올라

왔습니다."

여기서 중요한 개념이 바로 MOT(Moment of Truth, 결정적 순간)이다. 고객이 매장이나 서비스를 접하면서 느끼는 단 한 번의 순간이 전체 경험을 좌우할 수 있다는 점이다. 위 사례에서도 접시를 말없이 치웠다면 부정적인 경험으로 이어질 수 있었는데 바로 개선하여 간단한 멘트 하나로 그 순간이 긍정적으로 바뀔 수 있게 하였다.

"그 이후로 저는 직원들에게 새로운 서비스 지침을 전달했습니다. 접시를 치우거나 빵을 리필할 때는 반드시 '리필해 드릴게요' 또는 '접시 치워드리겠습니다'라는 멘트를 하도록 했죠"

MOT의 개념과 중요성은 스칸디나비아 항공의 전 사장인 얀 칼슨(Jan Carlzon)의 말에서 잘 드러난다. "지난 한 해 동안 1,000만 명의 우리 고객이 서비스를 받기 위해 다섯 번 정도 우리 직원들과 만났는데, 이 만남은 평균 15초 정도 지속되었다. 따라서 우리 스칸디나비아 항공사는 한 번에 15초 정도, 일 년에 5,000만 번의 결정적 순간이 회사의 성패를 결정한다." 이처럼 MOT는 기업의 흥망성쇠를 좌우하는 핵심 요소다. 그렇다고 나는 MOT가 중요하니 멘트 등 MOT를 잘 관리하기 위한 기계적인 매뉴얼만을 강조하는 것은 아니다. 그러다 보면 또 다른 문제를 낳기 때문이다.

미국의 서비스 경영학자 칼 알브레히트(Karl Albrecht)는 수많은 고객 불만을 분석해 '고객 서비스의 7대 죄악'을 도출했다. '무관심, 무시, 냉담, 어린애 취급, 로봇화, 규정 제일, 발뺌'이 그것이다. 특히 '로봇화'는 "감사합니다. 안녕히 가십시오"와 같이 모든 손님에게 기계적으로 똑

같은 말과 동작을 반복하는 것을 의미한다.

이러한 문제를 해결하기 위해 알브레히트는 T-chart 모델을 제안했다. 이는 직원들이 자동화된 로봇이 되는 것을 방지하고, 결정적 순간(MOT)에 고객에게 따뜻함과 배려를 표현하는 독창적인 방법이다. T-chart는 종이에 T자형 표를 그려 왼쪽에는 업무적 행동을, 오른쪽에는 정서적 행동을 기입한다. 예를 들어 왼쪽에 '요금 수납'이라는 업무가 있다면, 오른쪽에는 '웃는 얼굴로 인사하기', '친숙한 말투 사용하기', '정중한 표현으로 감사 인사하기' 등의 감성적 요소를 배치하는 것이다.

기계적인 매뉴얼의 문제점은 카페에서도 쉽게 발견된다. 커피 체인점에 들어가 메뉴를 고르려 할 때의 경험을 생각해보자. '오늘은 날도 더운데 아이스 아메리카노가 좋을까, 아니면 항상 마시던 따뜻한 라떼로 할까?' 하고 고민하면서 주문을 하려는 찰나, 갑자기 직원이 "드시고 가실 건가요?"라고 물어본다. 아직 메뉴도 고르지 못했는데, 테이크아웃 여부부터 묻는 것이다. 물론 직원 입장에서는 컵을 미리 준비하기 위한 것이겠지만, 고객은 당황스럽고 불편한 기분이 든다. 매뉴얼에 충실하지만 고객의 입장을 고려하지 않은 전형적인 사례다.

반면 서울의 한 유명 칼국수집은 훌륭한 휴먼터치 사례를 보여준다. 이 매장은 김치를 셀프바에서 제공하지만, 손님이 음식을 먹는 도중에도 직원들이 수시로 테이블을 돌며 "김치 더 필요하진 않으세요?"라고 물어본다. 단순히 셀프바에 '김치 무한리필'이라는 안내문을 붙여두는 것이 아니라, 직원이 직접 다가가 친근하게 소통하는 것이다.

이러한 휴먼터치는 무인 시스템에서도 가능하다. 달콤커피의 무인 로봇카페 '비트'는 다양한 표정과 감정을 표현하는 디스플레이를 통해 따뜻한 분위기를 연출한다. 또한 인간미가 느껴지는 손글씨체를 활용하는 것도 좋은 방법이다. 오스트리아 인스브루크대학의 롤랜드 슈롤 (Roland Schroll) 교수의 연구에 따르면, 손으로 쓴 듯한 폰트를 사용하면 음식에 더 많은 정성을 쏟는 식당으로 인식되며, 손님들이 더 친밀감을 느낀다고 한다.

앞서 살펴본 영종도 레스토랑의 사례와 알브레히트의 이론을 토대로, MOT 관리를 위한 구체적 실천 방안을 살펴보자.

첫째, 감정적 연결을 만들어라. 식전 빵 리필 사례에서 보았듯이, 단순한 행동에 따뜻한 말 한마디를 더하는 것만으로도 고객경험이 달라진다. 고객의 이름을 기억하거나 자주 구매하는 메뉴를 언급하는 등 인간적인 관계를 형성하는 것도 중요하다.

둘째, 서비스의 인간미를 유지하라. 커피 체인점 사례처럼 매뉴얼에만 의존하면 고객의 불편을 초래할 수 있다. 매뉴얼은 기본 지침일 뿐, 상황에 따라 유연하게 대응해야 한다. T-chart 모델을 활용해 업무적 행동에 감성적 요소를 더하는 것이 좋은 방법이다.

셋째, 중요한 접점을 파악하고 집중 관리하라. 업종별로 핵심적인 MOT가 다르다. 예를 들어, 의류 매장에서는 고객의 치수를 재는 순간이 가장 중요한 접점이 된다. 화장품 매장의 경우, 고객이 편하게 둘러보고 니즈를 파악해 추천하며 직접 테스트해보게 하는 여러 활동이 있는데, 이 중에서도 '테스트 경험'이 가장 중요한 핵심 접점이다.

마지막으로, 피드백을 즉각 반영하라. 고객의 리뷰와 피드백을 주기적으로 분석하고, 개선사항을 신속하게 적용해야 한다.

MOT 관리는 단순한 매뉴얼 준수가 아니라 고객과의 인간적 교감을 중시하는 접근이 필요하다. 고객은 단지 제품이나 서비스를 구매하는 소비자가 아니라, 관계를 맺고 싶어하는 사람이다. 작은 순간 하나하나에 정성을 담아 고객이 특별한 경험을 했다고 느끼게 해야 한다.

고수의 체크포인트

– 우리 매장의 핵심 MOT는 무엇이며, 이 결정적 순간에 인간미 있는 서비스를 제공하고 있는가?
– 고객의 피드백을 수집하여 결정적 순간(MOT)을 신속하게 개선하는 시스템이 갖춰져 있는가?

진정성으로 승부하라

"교수님, 요즘 고객들이 저희 농산물을 전혀 믿지 않아요. 아무리 유
기농이라고 해도, 신선하다고 해도 곧이곧대로 믿지 않더라고요."

자영업자 대상 강의 중 한 청과물 가게 사장님의 하소연이었다. 나
는 최근의 내 경험을 들려주었다.

"며칠 전 저는 동료들과 등산을 마치고 근처 한정식집에 들렀습니
다. 4만 원짜리 B코스를 주문하려는데, 종업원이 '오늘은 생선회가 신
선하지 않아서 2만 5천 원짜리 A코스를 추천드립니다'라고 말하더군
요. 음식점의 기밀(?)까지 털어놓으며 더 저렴한 메뉴를 권하는 모습에
깊은 인상을 받았습니다."

왜 이런 경험들이 신선한 감동이 되는지는 분명하다. 고객들은 이미
판매자들의 장삿속을 꿰뚫고 있기 때문이다. 그들은 으레 판매원이 매

출을 올리기 위해 제품의 장점만을 늘어놓을 것이라 예상한다. 이렇게 닫혀 있는 고객의 마음을 얻으려면 어떻게 해야 할까? 고객의 불신을 역으로 이용하는 반전 카드를 사용해야 한다. 미용실에서 "오늘은 파마만 하시고, 염색은 일주일 후에 하러 오세요. 두 가지를 한꺼번에 하면 머릿결이 상할 수 있어요"라는 조언을 들었다면 어떨까?

역설적으로 이런 진정성 넘치는 정직한 고백이 오히려 깊은 신뢰감과 감동을 준다. 실제로 매년 김장철에 아파트 부녀회와 고추를 직거래하는 한 농부는 유기농을 의심하는 고객들에게 "올해는 하도 병충해가 심해서 농약을 한 번 쳤습니다. 그래도 괜찮으시겠습니까?"라고 솔직하게 고백했다고 한다. 이러한 진정성 있는 태도가 오히려 더 큰 신뢰를 얻는 비결이 되었다.

고객의 신뢰를 얻는 구체적인 방법은 무엇일까?

가장 먼저 생각할 수 있는 것은 우리 회사의 좋은 점을 누누이 강조하는 것이다. 하지만 최근 연구들은 의외의 결과를 보여준다. 미국의 저명한 심리학자 엘리엇 아론슨(Elliot Aronson)은 '흠집 효과' 연구를 통해, 작은 결점을 인정하는 것이 오히려 신뢰도를 높일 수 있다고 밝혔다. 한 실험에서 연구진은 온라인 쇼핑몰의 등산화 판매 페이지에서 두 가지 버전을 테스트했다. 한 그룹에게는 '정형외과 의사가 추천한 깔창, 방수 소재, 5년 품질 보증' 등 장점만을 나열했고, 다른 그룹에게는 이러한 장점들과 함께 '색상이 두 가지밖에 없다'는 단점도 함께 제시했다. 놀랍게도 단점을 함께 제시받은 그룹에서 구매율이 더 높게 나타났다.

이를 심리학에서는 '기대치 위반 이론'이라고 한다. 프랑스의 한 맥도날드 매장이 '햄버거는 일주일에 한 번 이상 먹으면 몸에 해롭습니다'라는 광고를 했을 때, 매출이 오히려 증가한 사례가 대표적이다. 고객들은 자사의 이익보다 고객의 건강을 우선시하는 진정성에 감동했다.

이러한 이론들은 실제 자영업 현장에서도 적용될 수 있다. 예를 들어, 식당에서는 "오늘은 일부 재료가 덜 신선해서 해당 메뉴를 추천드리지 않습니다"라고 말할 수 있고, 옷가게에서는 "이 디자인은 세탁 시 조금 더 주의가 필요합니다"라고 미리 알려줄 수 있다. 이러한 정직한 소통이 결과적으로는 장기적인 신뢰 관계를 만드는 열쇠가 된다.

"고객의 신뢰를 어떻게 얻을 수 있을까요?" 많은 자영업자들이 이런 고민을 한다. 다음과 같이 실천해보기 바란다.

첫째, 당신의 약점을 전략적으로 공개하라. 단, 이때 주의할 점은 치명적인 단점이 아닌, 작은 흠집을 공개하는 것이다. 이때 단점 자체를 장점으로 연결시키는 것이 핵심이다. 이러한 단점은 다음과 같은 세 단계로 우아하게 설계할 수 있다. "저희 피자 가게는 다른 피자 가게보다 10분이 더 걸립니다(①단점 인정). 하지만 저희는 피자 소스를 그날 하루에 다 쓸 만큼만 조금씩 만들어 쓰기 때문에 몇 달 전에 제조된 대용량 통조림 소스를 따서 쓰는 다른 피자 가게보다 느립니다(②단점을 장점으로 승화). 정말 급하시다면 더 빠른 곳으로 주문하셔도 좋습니다 (③여유 있게 선택권 제공)."

둘째, 가게에 불리하더라도 고객에게 정직한 조언을 하라. "지금 당장 구매하시는 것보다 다음 달 세일 기간에 오시는 것이 더 유리할 것 같네요"라는 말은 일시적으로는 매출 손실로 이어질 수 있다. 하지만 이런 진정성 있는 조언이 평생 고객을 만드는 지름길이다.

셋째, 작은 감동을 선사하라. 처음 방문한 고객에게는 '첫 방문을 환영합니다'라는 손글씨 메모를, 단골고객에게는 생일 축하 메시지와 쿠폰을 제공하는 것이다. 여기에 덤으로 카페의 쿠키 하나, 정육점에서 고기를 조금 더 얹어주는 것은 고객에게 특별한 기분을 선사한다. 이러한 정성은 결국 고객이 특별한 대우를 받고 있다는 긍정적 인상을 남긴다.

요즘 소비자들은 단순히 좋은 제품이나 서비스만을 찾지 않는다. 그들은 '진정성'이라는 보이지 않는 가치에 더 큰 무게를 둔다. 프랑스의 소매업 전문가 장 미셸 뒤프레(Jean-Michel Dupree)는 "고객은 당신이 완벽하기를 바라는 것이 아니라, 진실하기를 바란다"고 말했다. 진정성은 결코 돈으로 살 수 없는 가치다. 하지만 그것이야말로 자영업자가 대기업과의 경쟁에서 이길 수 있는 가장 강력한 무기가 될 것이다.

고수의 체크포인트

- 우리 가게의 단점을 전략적으로 공개할 때, 세 단계 화법을 설계하고 있는가?
- 고객에게 우리의 진정성을 보여주는 작은 서비스들을 실천하고 있는가?

고객경험이라는
상품을 팔아라

은퇴한 옛 친구가 새로운 일자리를 얻었다며 전화가 왔다. 축하도 해줄 겸 무슨 일을 하는지 물어보니, 아내와 함께 인형 수선가게를 열었다고 했다. 아내가 잠시 자리를 비울 때 가게를 지켜주고 저녁에 함께 퇴근하는데 아직은 '셔터맨' 수준이라는 것이다.

인형 수선비를 얼마나 받느냐고 물었더니 천차만별이지만 보통은 5천 원에서 만 원 정도라고 했다. 그 말을 듣자마자 직업정신이 발동하여 수선비를 더 많이 받는 방법을 조언해주었다. 먼저 가게 이름부터 'OO인형병원'으로 바꾸라고 했다. 그리고 집에서 아들이 쓰던 의사 가운을 하나 갖다 주면서 앞으로는 아이들이 엄마와 함께 가게에 올 때 '병원놀이'를 하라고 제안했다. 꼬마에게 수술 동의서를 쓰게 하고, 인형의 눈알이 빠졌으면 안과 수술을 해야 한다는 식으로 말이다. 이것이 현재보다 수선비를 두 배 더 받을 수 있는 방법이라고 설명했다. 사실 이것은 내가 고안한 방법이 아니라 다음과 같은 기사를 읽은 적이 있기 때문이다.

"서울 강남구 역삼동의 한 인형수선집은 올해 초부터 간판을 '인형병원'으로 바꿨다. 이곳에선 인형을 '환자'로, 인형 디자이너를 '의사'로 설정하여 입원 절차, 보호자 동의서 작성 등을 진행한다. 털 이식, 다리 접합, 눈알 복원 등 실제 병원과 흡사한 수술 과정을 거쳐 고객에게 감동과 재미를 동시에 선사한다. 치료 비용은 1만5천 원에서 최대 60만 원까지 천차만별이지만, 보호자들은 인형을 단순한 물건이 아니라 '가족'으로 여기므로 비용 부담도 기꺼이 감수한다"

이처럼 인형이 가진 감정적 스토리와 추억을 되살리는 경험은, 고객에게 강력한 감동을 주고 높은 부가가치를 인정받게 만든다. 오늘날 소상공인과 자영업자에게 가장 중요한 화두 가운데 하나가 바로 이러한 '고객경험'이다.

하지만 많은 사람들이 고객경험의 혁신이 얼마나 큰 부가가치를 만들어내는지를 미처 깨닫지 못하고 있다. 경영학의 아버지라 불리는 피터 드러커(Peter Drucker)는 모든 비즈니스는 마케팅과 혁신이라는 2가지 기본 기능으로 이루어진다고 했다. 많은 이들이 혁신이란 첨단기술이나 생명공학 회사에서나 일어나는 일이라고 생각하지만, 혁신은 제품의 가격 책정, 포장, 마케팅, 그리고 고객경험의 모든 부분에서 일어날 수 있다.

양초의 혁신 사례를 보자. 전기의 시대가 오면서 '불을 밝히는' 양초의 가치는 더 이상 중요하지 않게 되었다. 그러나 '양키캔들'은 양초에 '향기'와 '분위기'라는 새로운 의미를 더해 성공했다. 원가 200원대의 양초를 2만 원대에 판매하며, 10배 이상의 부가가치를 창출한 것이다. 또 다른 예로 '디자인 베이커리'를 들 수 있다. 이 가게는 특별한 생일이나 기념일에 맞춤형 케이크를 제작해준다. 고양이를 좋아하는 딸을 위한 고양이 모양 케이크, 부모님 칠순 기념 가족사진이 들어간 케이크 등 고객들의 특별한 요청을 받아 제작한다. 실력 있는 파티시에가 직접 만드는 섬세한 디자인, 오직 하나뿐인 레터링, 그리고 특정 일시에만 느낄 수 있는 '행복의 순간'을 함께 준비한다는 경험 자체가 바로 '돈으로 환산하기 어려운 가치'가 된다.

이처럼 고객경험은 단순히 가격이나 상품의 기본적인 기능만으로는 제공할 수 없는 강력한 경쟁우위를 만들어낸다. 20년 전 조셉 파인 2세(Joseph Pine II)가 제창한 '경험 경제(Experience Economy)' 이론에서도 강조했듯이, 제품이나 서비스의 본질적 기능을 넘어 고객이 실제로 체험하는 가치가 더욱 중요해지고 있다.

그러나 많은 회사들이 상품이나 서비스에 경험을 추가하려는 노력을 게을리한다. 고객은 단지 서비스만 받기를 원하지 않는다. 그들은 즐거움과 특별한 경험을 함께 원한다.

소상공인들이 고객경험을 통해 부가가치를 높이기 위해서는 다음과 같은 구체적인 방법들을 활용할 수 있다.

첫째, 상품과 서비스에 새로운 의미를 부여해야 한다. 앞서 본 인형

병원의 사례처럼, 단순한 수선을 '치료'와 '돌봄'이라는 새로운 의미로 승화시키고, 양키캔들처럼 기능적 가치를 넘어선 감성적 가치를 제공해야 한다. 그때 고객들은 더 높은 가격을 기꺼이 지불하게 된다.

둘째, 고객 맞춤형 스토리텔링을 강화해야 한다. 디자인 베이커리처럼 각 고객만의 특별한 이야기를 상품에 담아내고, 그 과정을 고객과 함께 만들어가는 것이 중요하다. 고객의 개인적인 이야기와 추억이 담긴 상품은 그 자체로 높은 부가가치를 창출할 수 있다.

셋째, 경험의 모든 접점을 세심하게 디자인해야 한다. 매장의 분위기, 직원의 응대 방식, 상품 포장에 이르기까지 모든 요소를 하나의 일관된 경험으로 설계해야 한다. 예를 들어 인형병원은 의사 가운, 수술 동의서 등을 통해 병원이라는 콘셉트를 일관되게 유지하며 특별한 경험을 제공한다.

미국 애니메이션 산업의 거장 월트 디즈니(Walt Disney)는 "우리가 만드는 모든 것이 결국은 꿈과 상상력으로 이어진다"라고 말했다. 이는 눈에 보이는 단순한 상품만이 아니라, 그 상품을 통해 고객이 꿈꾸고 상상하는 '즐거움과 의미'가 진정한 가치임을 뜻한다. 결국 고객경험이란 '감성적 만족'과 '추억을 만들어주는 과정'이며, 이를 통해 자영업자들은 어떤 거대한 경쟁 상대와 맞서도 자신만의 생존 전략을 구축할 수 있다. 가격만 낮추거나 마케팅 비용만 늘리는 방식으로는 더 이상 소비자의 마음을 사로잡기 어렵다. 소상공인은 '작고 평범해 보이는 것'을 어떻게 꿈과 상상력으로 연결 지을지를 끊임없이 고민해야 한다.

서비스를 눈에
보이게 만들어라

모 여대 보건행정학과에서 진행된 특강은 오랫동안 여운이 남는 시간이었다. 강의 주제가 '고객의 경험을 디자인하라'였는데, 대학원 과정이라 수강생 대부분이 미용실과 피부관리실을 운영하는 원장님들이었다. 강연이 끝나고 이어진 질문 시간에 한 원장님이 손을 들었다.

"교수님, 고객의 경험을 향상시키기 위한 가장 구체적인 방법론은 무엇일까요?" 나는 주저하지 않고 대답했다. "여러 방법이 있겠지만 가장 효과적인 방법 가운데 하나는 여러분의 매장에 고객 여정 지도를 그려보는 것입니다." 다 끝났던 강의실 분위기가 순식간에 다시 '수업' 모드로 집중됐다. '고객 여정 지도'란 말을 처음 듣는 원장들도 있었고, 들어봤더라도 구체적인 방법론까지 알고 있는 사람은 거의 없었다. 나는 고객 여정 지도의 중요성을 설명했다. "고객이 첫 번째 검색을 하고, 예약을 하고, 매장에 도착해 서비스를 받고 나가는 순간까지, 모든 접점을 시각화하고 분석해보세요. 이를 통해 고객 구매 결정에 대한 깊이 있는 이해가 가능하고, 평소 당연하다고 생각했던 것들도 고객 관점에서 새롭게 볼 수 있습니다."

강연이 끝난 후에도 여러 원장들이 남아 구체적인 방법을 물었고, 우리는 각자의 매장에서 실제 고객들이 겪는 경험들을 놓고 열띤 토론을 이어갔다. 덕택에 그날 저녁 특강은 30분이나 더 늦게 끝났다.

'고객 여정 지도(Customer Journey Map)'란 고객이 제품이나 서비스를 처음 인지하는 순간부터 구매, 사용, 사후 관리까지 전체 여정에서 겪는 모든 경험을 시각적으로 표현한 것이다. 이는 고객과 기업 간의 모든 접점에서 일어나는 상호작용을 시간 순서대로 정리하여 고객의 감정과 니즈를 파악할 수 있게 해준다. 과거에는 제품이나 서비스의 기획이 공급자 관점에서 이루어졌다면, 이제는 서비스 디자이너가 직접 고객의 생활을 체험한 뒤 문제점을 개선하는 방식으로 변화했다. 세계적 서비스 기업들은 '고객 여정 지도'를 통해 서비스를 가시화하고 관리하는 것이 핵심 경쟁력이라고 본다.

대표적 사례로 스타벅스가 있다. 스타벅스는 고객 여정 지도를 통해 매장 내 경험을 혁신했다. 주문부터 음료 수령까지의 과정을 분석한 결과, 대기 시간이 고객의 가장 큰 불만요소임을 발견했다. 이를 개선하기 위해 '사이렌 오더' 모바일 주문 시스템을 도입했다. 고객은 매장에 도착하기 전에 미리 주문하고 결제할 수 있게 되었고, 매장별 실시간 혼잡도 확인과 음료 완성 알림 서비스도 추가했다. 이러한 디지털 전환으로 고객 대기 시간이 획기적으로 단축되었다.

세탁소를 운영하는 김 사장님은 고객 여정 지도를 활용해 큰 변화를 이끌어냈다. 고객들의 여정을 분석한 결과, 세탁물 수거와 배달 시간이 가장 중요한 접점임을 발견했다. 이에 카카오톡으로 실시간 진행 상황을 알리고, 고객이 선호하는 시간에 배달하는 시스템을 도입했다. 또한 세탁 태그에 옷의 특이 사항과 주의점을 상세히 기록하여 신뢰도를 높였다. 나아가 고객별 세탁 히스토리를 데이터베이스화하여 맞춤형 관리 서비스를 제공하고, 특별 세탁이 필요한 의류는 사진으로 상태를 공유하는 등 소통을 강화했다. 그 결과 단순한 세탁 서비스를 넘어 의류 관리 전문점으로 고객들에게 인식되기 시작했다.

피부관리실을 예로 들어 고객 여정 지도의 각 단계별 실천 방안을 살펴보자.

1. 페르소나 설정: 피부관리실의 주요 고객층인 30대 직장여성을 대표 페르소나로 설정한다. 피부 고민이 있지만 시간적 여유가 부족한 특성을 고려하여 서비스를 설계한다.

2. 접점 파악: 고객이 인스타그램 광고를 보고 웹사이트에 방문하는 순간부터 관리 후 귀가할 때까지의 모든 접점을 나열한다. SNS, 예약 전화, 매장 입구, 상담실, 관리실 등 물리적/디지털 접점을 모두 포함한다.

3. 고객 통찰: 첫 방문 고객이 느끼는 불안감, 상담 과정에서의 기대감, 관리 중의 편안함 등 각 접점에서의 감정 변화를 파악한다. 고

객 리뷰와 직원 피드백을 통해 실제 경험을 분석한다.

4. 불편요인 분석: 예약 변경의 어려움, 대기 시간의 지루함, 관리 후 피부 변화에 대한 불확실성 등 각 접점의 문제점을 도출한다. 특히 고객 이탈이 발생하는 지점을 중점적으로 분석한다.

5. 개선 방안 도출: 온라인 예약 시스템 도입, 대기 공간의 편의성 개선, 정기적 피부 변화 사진 기록 등 구체적 해결책을 제시한다. 각 개선안의 실행 가능성과 효과를 검토한다.

6. 우선순위 선정: 즉시 개선이 필요한 '예약 시스템 개선'과 같은 시급한 과제를 우선 선정한다. 비용과 효과를 고려하여 단기/중기/장기 과제로 분류한다.

7. 실행 계획 수립: 선정된 과제별로 담당자, 일정, 소요 예산을 구체적으로 정한다. 직원 교육과 시스템 도입 등 실행을 위한 세부 계획을 수립하고 지속적으로 모니터링한다.

이처럼 고객 여정 지도는 서비스의 전 과정을 고객 관점에서 시각적으로 재조명하게 해준다. 대기업부터 소상공인까지, 규모와 관계없이 서비스 혁신의 도구로 활용할 수 있다. 특히 한정된 자원으로 최대의 효과를 내야 하는 자영업자에게는 더욱 유용한 전략적 도구가 될 것이다.

기분이 좋아야
평가도 후해진다

"음식점을 경영하면서 가장 난감한 순간은 부부싸움을 하고 온 고객이 음식 서비스와 전혀 관계없는 악평을 남길 때입니다."

한 식당 사장님의 이런 하소연이 정말 이해가 된다. 최근에는 SNS와 리뷰 플랫폼의 영향력이 커져, 이러한 감정적 평가가 매장에 치명적 영향을 미치기 때문이다.

"어제는 한 부부가 들어오시자마자 서로 말도 안 하고 얼굴도 돌리고 계시더라고요. 결국 라면 온도가 미지근하다며 화를 내셨고, 블로그에 별점 1점짜리 리뷰를 남기셨어요." 한 라면집 사장님의 인터뷰 내용이다. 나는 이렇게 답했다. "손님의 기분이 나쁠 때는 음식이 아무리 맛있어도 불만이 생기기 마련입니다. 그렇다면 우리가 할 일은 매장에 들어서는 순간부터 고객의 기분을 좋게 만드는 것입니다."

인간관계론의 대가 데일 카네기(Dale Carnegie)는 "기억 속에서 가장 따뜻했던 순간을 떠올리게 하는 것이 사람의 마음을 움직이는 최고의 방법이다"라고 말했다. 이 말은 내게 큰 깨달음을 주었다. 실제로 내가 컨설팅했던 한 카페는 입구에 "오늘 하루 중 가장 행복했던 순간은 언제인가요?"라는 문구를 걸어두었다. 커피를 기다리는 동안 고객들은 자연스럽게 좋았던 순간을 떠올렸고, 이는 카페에서의 경험을 더욱 긍정적으로 만들었을 것이다. 이런 긍정적인 감정은 자연스럽게 좋은 평가로 이어졌고, 재방문율도 크게 높아졌다. 고객의 마음을 움직이는 일은 거창한 것이 아닌, 작은 디테일에서 시작된다는 것을 나는 매일 깨닫는다.

이처럼 고객경험에서 감정이 미치는 영향에 대해 심리학자 대니얼 카네만의 연구는 흥미로운 사실을 보여준다. 독일 대학생들에게 "당신은 얼마나 행복한가요?"와 "지난달 데이트 횟수는 얼마인가요?"라는 두 질문을 다른 순서로 물었을 때, 결과가 크게 달랐다. 데이트 횟수를 먼저 물었을 때는 데이트 횟수가 많을수록 행복도가 높았지만, 행복도를 먼저 물었을 때는 이런 상관관계가 없었다. 이는 앞선 질문이 뒤의 답변에 영향을 준다는 '점화효과(Priming Effect)'를 여실히 보여주고 있다.

이러한 원리는 실제 매장에서도 놀라운 효과를 보인다. 한 프랜차이즈 커피숍은 고객을 두 그룹으로 나누어 실험했다. 첫 번째 그룹에게는 주문 전에 "오늘 가장 기뻤던 순간이 언제였나요?"라고 물었고, 두 번째 그룹에게는 아무것도 묻지 않았다. 같은 커피를 마신 후 맛을 평가하게 했더니, 행복한 기억을 떠올린 그룹이 커피 맛을 평균 20% 더 높게 평가했다.

순천의 한 치킨집은 가게 입구에 제기를 두 개 놓아두었다. "옛날엔 100개는 찼었는데…."라며 어린 시절 추억을 이야기하는 손님들의 웃음소리가 끊이지 않았다. 사장님은 "화나서 오신 손님들도 제기를 차다 보면 어느새 웃고 계세요. 나쁜 리뷰도 확실히 줄었어요"라고 말했다.

서울의 한 디저트 카페는 초콜릿을 서빙할 때마다 "초콜릿을 처음 먹고 행복했던 순간이 기억나시나요?"라는 문구가 적힌 작은 카드를 함께 제공했다. 고객들은 자연스럽게 즐거운 추억을 나누기 시작했고, 이는 SNS에서 인기 있는 데이트 코스로 소문나는 계기가 되었다.

이처럼 고객의 감정을 긍정적으로 이끄는 것은 단순한 서비스 이상의 가치를 만들어낸다. 행복한 기억을 떠올린 고객은 같은 음식과 서비스를 더 긍정적으로 평가하는 경향이 있다. 이는 단순한 심리적 효과가 아니라 실제 매출과 평가에 직접적인 영향을 미치는 중요한 마케팅 전략이다.

고객의 기분을 긍정적으로 만들어 좋은 평가를 이끌어내는 구체적인 실천 방안은 다음과 같다.

첫째, 매장 입구부터 긍정적 감정을 유도하라. 입구에 "오늘 가장 행복했던 순간은 언제인가요?"라는 문구를 배치하거나, 제기차기나 투호 같은 전통놀이 도구를 설치해 자연스러운 웃음을 유도한다. 나쁜 기분으로 들어온 손님도 놀이를 통해 금세 웃음을 되찾는다. 첫인상이 전체 경험을 좌우한다는 점을 기억하자.

둘째, 테이블마다 감정을 환기시키는 작은 장치를 마련하라. 예를 들어 냅킨 홀더에 '첫사랑이 생각나는 디저트'라는 문구를 새기거나, 메뉴판 한켠에 "가장 기억에 남는 여행지는 어디인가요?"라는 질문을 넣는다. 이는 자연스러운 대화를 유도하고 긍정적인 기억을 떠올리게 한다.

셋째, 고객 참여형 이벤트를 활용하라. 한 파스타 전문점은 점심시간마다 '행운의 룰렛'을 운영해 할인이나 음료 제공 등의 작은 선물을 제공했다. 부산의 한 베이커리는 "오늘 가장 맛있었던 빵은?"이라는 참여형 설문을 진행하고, 그 결과를 매주 매장 입구에 게시했다. 이러한 작은 이벤트들은 고객들에게 즐거움을 주고 자발적인 입소문으로 이어졌다.

넷째, SNS 후기 작성을 유도할 때도 감정에 초점을 맞추어라. "오늘 우리 가게에서 가장 행복했던 순간을 공유해주세요" 등의 방식으로 리뷰를 요청한다. 해시태그도 #행복한식사시간 #즐거운데이트 등 긍정적인 감정을 담아 제안한다.

마케팅의 핵심은 결국 사람의 마음을 움직이는 것이다. 가장 맛있는 음식도 기분이 나쁜 상태에서는 맛이 없게 느껴지고, 최고의 서비스도 부정적인 감정 상태에서는 불친절하게 받아들여진다. 그러므로 고객의 마음을 움직이는 감정 관리는 음식과 서비스만큼이나 중요한 성공의 열쇠라 할 수 있다.

- 매장에서 기분이 나빠 보이는 고객과 직면했을 때, 그들의 기분을 전환시킬 수 있는 긍정적 유도 문구나 상황을 미리 준비해두고 있는가?
- 직원들과 함께 고객의 감정을 긍정적으로 전환시키는 방법에 대해 정기적으로 논의하고, 성공 사례를 공유하고 있는가?

잘 키운 리뷰 하나,
열 인플루언서 안 부럽다

"매장 문 연 지 3개월이 지났는데 아직도 리뷰가 10개밖에 안 되네요. 맛있다고 하시는 분들도 많아서 리뷰에는 크게 신경 쓰지 않습니다만⋯."

얼마 전 한 프랜차이즈 카페 사장님과의 컨설팅 자리에서 들은 이야기다. '이건 아니다' 싶어 최근 있었던 내 경험을 들려주었다. 나흘간의 장기 강의를 앞두고 헤드셋 마이크를 구매하려던 순간의 일이었다. 2만 원대 중반의 적당한 가격대 상품을 발견하고 바로 구매했는데, 결제를 마치고 나서야 리뷰가 단 한 건도 없다는 사실을 알게 되었다. '내가 이 상품의 첫 구매자인가?'라는 생각에 불안해서 바로 구매를 취소했다.

다행히 판매 페이지에 있던 사장님 연락처로 전화를 걸어 상황을 파악할 수 있었다. 알고 보니 마이크 커버 3개를 추가해 상품 구성을 변경하는 과정에서 리뷰가 초기화되어버렸다는 것이었다. 이전 상품 페이지를 찾아보니 300개가 넘는 리뷰가 있어서 안심하고 구매했다. "이 사례를 보세요, 사장님! 저처럼 소비자들은 리뷰 하나하나를 믿음의 증거로 받아들입니다. 매장을 찾는 고객들도 마찬가지예요."

『설득의 심리학』 저자 로버트 치알디니(Robert Cialdini)는 "사회적 증거(Social Proof)는 구매 결정에 가장 강력한 영향력을 행사하는 요소 중 하나"라고 강조했다. 특히 디지털 시대에 리뷰는 단순한 후기를 넘어 신뢰의 척도라고 할 수 있다. 옥션의 조사에 따르면 상품 구매 시 리뷰가 미치는 영향력은 80%에 달한다. 모르는 지역에서 식당을 고를 때 우리는 흔히 리뷰를 참고한다.

특히 배달 앱 시대 리뷰 관리는 매장 운영의 핵심이다. 실제로 배달 앱 데이터 분석 결과, 리뷰 답변율이 높은 매장은 그렇지 않은 매장에 비해 월평균 매출이 23% 더 높은 것으로 나타났다. 특히 첫 주문 후 리뷰 관리가 아주 중요한데, 첫 주문 후 일주일 내 리뷰가 없는 매장의 경우 재주문율이 현저히 떨어지는 것으로 분석되었다.

한 온라인 쇼핑몰 운영자의 사례가 이를 잘 보여준다. "처음 제품을 출시했을 때는 리뷰가 전혀 없어서 판매가 거의 없었어요. 첫 구매자에게 리뷰 작성 시 추가 할인을 제공하는 전략을 썼더니, 진정성 있는 리뷰가 쌓이면서 매출이 300% 이상 증가했습니다. 초기의 수익을 리뷰 확보에 재투자한 것이 성공의 열쇠였죠."

이처럼 리뷰는 단순한 평가를 넘어 고객과 판매자 간의 소통 창구

역할을 한다. 댓글을 다는 형식은 댓글을 단 고객과 답글을 올리는 주인과의 일대일 소통이라 할 수 있다. 배달의 민족 리뷰를 떠올려보면 얼른 이해될 것이다. 리뷰는 제3자인 관객이 모두 함께 지켜보고 있다는 점에서 관객 모두에게 우리 가게, 우리 상품을 마케팅할 수 있는 아주 중요한 기회라는 사실을 잊지 말아야 한다. 따라서 리뷰 관리의 핵심은 '정보성 답글'에 있다. 예를 들어, 한 손님이 "파스타가 정말 맛있어요. 소스가 특별한 것 같아요"라고 리뷰를 남겼다면, 단순히 "감사합니다"로 끝내지 말아야 한다. "소중한 리뷰 감사합니다. 저희 파스타 소스는 이탈리아 현지 레시피를 기본으로 하되, 3개월간의 테스트를 거쳐 한국인의 입맛에 딱 맞게 개발했습니다. 특히 파마산 치즈는 24개월 숙성된 프리미엄 등급만을 사용하고 있죠."와 같이 구체적인 정보를 담아 답변해야 한다.

'희석 효과(Dilution Effect: 약점을 솔직히 인정하면 오히려 신뢰도가 높아지는 현상)'도 중요한 전략이다. 실제 사례를 보면, 한 디저트 카페는 5점 만점의 리뷰들만 가득했지만, 오히려 매출이 저조했다. 그러나 "케이크가 너무 달았어요"라는 3점 리뷰에 "고객님의 소중한 피드백 감사합니다. 당도를 조절한 '저당 버전'도 준비되어 있으니 다음에는 참고해 주세요"라는 답변을 달았더니, 오히려 신뢰도가 상승하며 매출이 증가했다. 이처럼 적절한 부정적 리뷰의 존재가 오히려 희석 효과를 발휘하여 매장의 신뢰도를 높이는 역설적 효과를 가져온다.

리뷰는 21세기 디지털 시대의 새로운 신뢰 화폐다. 진정성 있는 리뷰 하나가 수많은 광고보다 강력한 마케팅 효과를 발휘할 수 있으며, 이는 곧 매출 증대로 이어진다. 잘 키운 리뷰 하나가 열 광고 못지않을 것이다. 전략적인 리뷰 관리와 활용이 현대 자영업의 핵심 경쟁력이다.

고수의 체크포인트

- 우리 매장의 리뷰 답변에 전문성과 스토리를 담아 잠재 고객을 설득할 만한 정보를 담고 있는가?
- 긍정적 리뷰와 부정적 리뷰의 자연스러운 균형을 통해 고객의 신뢰도를 높이고 있는가?

잘 키운 단골 하나,
열 광고 안 부럽다

"우리는 '2000cc 챌린지'라는 이벤트로 고객과의 신뢰를 쌓습니다. 손님 한 명이 생맥주 2,000cc를 마시면 추가로 2,000cc를 무료로 드리는데, 실제 지불한 금액보다 2배의 가치를 가져가시니 손님들이 늘 이득을 보시죠."

가끔 방문하는 사무실 근처의 '칼퇴근 김대리'라는 호프집의 고객관리 방식이 독특하다고 생각했는데, 사장님의 설명을 들으며 재방문을 유도하는 그의 아이디어가 신선하게 느껴졌다.

최근 한 컨설팅에서 "매장 오픈 3개월인데 아직도 단골이 별로 없어요"라는 하소연을 들었다. 나는 이렇게 설명했다. "요즘 자영업자들은 마치 사냥꾼처럼 매일 새로운 손님만 찾아 헤맵니다. 오늘 손님이 많으면 좋지만, 내일은 또 불안해서 새 손님을 찾아 나서야 하죠. 하지만 진정한 장사의 고수는 농부처럼 단골이라는 씨앗을 심고 정성껏 가꿉니다."

　나는 대학의 마케팅 강의에서는 이를 '수렵형'과 '경작형'으로 표현한다. '칼퇴근 김대리'는 경작형 마케팅인 농부의 철학을 실천하고 있었다. 500cc씩 나눠 제공하는 방식으로 맥주의 신선도를 유지하고, 남은 양은 10일 이내 재방문 시 사용할 수 있는 쿠폰을 발급해준다. 더 특별한 점은 이 쿠폰을 친구에게 양도할 수 있어, 자연스럽게 새로운 단골이 유입되는 선순환이 이루어진다는 것이다. 나는 사장님에게 이렇게 강조했다. "사냥꾼은 매일 불안에 시달리지만, 농부는 단골이라는 씨앗을 뿌리고 가꾸는 데 집중합니다"

　이런 농부와 사냥꾼에 대한 우화가 있다. 러셀 콘웰(Russell Conwell)의 『다이아몬드 밭』 이야기다. 부유한 농부 알리 하페드는 여행자로부터 다이아몬드 광산 이야기를 듣고 자신의 풍족한 삶이 초라하게 느껴졌다. 거대한 과수원과 농장을 팔아 세계를 떠돌며 다이아몬드를 찾았지만, 결국 빈털터리로 생을 마감했다. 그러나 아이러니하게도, 그의 농장을 산 새 주인은 그 땅에서 세계적인 다이아몬드 광산을 발견했다. 하페드는 자신의 발밑에 있던 진정한 보물을 보지 못한 채, 허상을 좇아 방황했다.

　이는 많은 자영업자들의 현실과도 닮아 있다. 새로운 고객을 찾아 비싼 광고비를 쓰고, 값비싼 프로모션을 하면서도, 정작 자신의 매장 안에 있는 '다이아몬드'인 기존 고객을 놓치고 있는 것이다. 미국 마케팅협회의 조사에 따르면, 기존 고객 유지는 신규 고객 확보보다 비용이 5배나 적게 든다. 실제로 단골고객이 수익에 미치는 영향을 계량적으로 분석해보면 놀랍다. 예를 들어, 월 매출 3천만 원의 호프집에서 단골고객 100명이 각각 월 2회 방문하여 회당 3만 원을 소비한다고 가정해보자. 이는 월 600만 원의 안정적 매출을 의미한다. 여기에 이들이 지인을 데려오는 효과를 더하면, 한 단골고객당 월평균 45,000원의 추가 매출이 발생한다. 100명의 단골이 만드는 직간접 월 매출만 1,050만(600만+450만) 원에 달하는 것이다.

더욱 중요한 것은 시간이 지날수록 커지는 누적 효과다. 고객 유지율이 95%인 매장과 90%인 매장의 5년 후 성과를 비교해보면 그 차이가 극명하다. 95% 유지율의 매장은 단골 기반이 2배로 늘어나 월 2,100만(1,050만×2) 원의 안정적 매출을 확보하지만, 90% 유지율의 매장은 겨우 현상 유지에 그친다.

또한 단골고객은 가격 인상에도 덜 민감하다. 실제 사례를 보면, 맥주 가격을 10% 인상했을 때 일반 고객의 20%가 이탈한 반면, 단골고객의 이탈률은 5%에 그쳤다. 이처럼 단골은 매출의 안정성을 보장하는 든든한 버팀목이 된다. 결국 자영업의 성공은 멀리 있는 다이아몬드를 찾아 헤매는 것이 아니라, 내 매장 안에 있는 다이아몬드를 발견하고 키우는 데 있다.

단골고객관리를 위한 3가지 실천 전략을 알아보자.

첫째, 환대와 소통을 강화하라. "○○님, 오늘도 과일 향이 나는 IPA 맥주로 드릴까요?"처럼 단골의 이름과 취향을 기억하고 맞춤형 서비스를 제공해야 한다.

둘째, 체계적 리워드 프로그램을 도입하라. '10번 방문하면 1잔 무료' 같은 단순한 혜택부터 시작해 '결제 금액의 7% 적립' 같은 실질적 혜택을 제공하라. 특히 첫 방문이 두 번째 방문으로 이어지도록 첫 주문 후 일주일 안에 사용할 수 있는 웰컴 쿠폰을 제공하는 것이 효과적이다.

셋째, VIP 고객을 위한 특별 이벤트를 정기적으로 실시하라. '단골고객 감사의 밤'을 개최하면 고객들은 특별한 대우를 받는다는 자부심을 느끼고 자연스럽게 입소문을 내게 된다. 나아가 나는 '단골 멤버십 등급제'를 제안한다. 방문 횟수나 누적 결제 금액에 따라 은행처럼 실버, 골드, 플래티넘 등의 등급을 부여하고, 등급별로 차별화된 혜택을 제공하는 것이다. 예를 들어, 골드 등급부터는 신메뉴 시식회에 초대하고, 플래티넘 등급에게는 매월 첫째 주 방문 시 동반 1인까지 전 메뉴 20% 할인 혜택을 제공하는 식이다. 이는 고객들에게 상위 등급 달성이라는 목표를 제시하여 지속적 방문을 유도할 수 있다.

단골고객은 매장의 든든한 버팀목이자 살아있는 광고판이다. 불황일수록 새로운 고객 확보보다는 기존 고객을 '다이아몬드'처럼 소중히 가꾸고 보살피는 '농부의 마음'이 필요하다. 성공적인 자영업의 핵심은 바로 단골고객과의 신뢰 관계를 구축하고 지속적으로 관리하는 데 있다.

성패를 좌우하는
입소문 마케팅

"매장을 오픈한 지 6개월이 지났는데, 손님들이 맛있다고 하면서도 입소문이 잘 안 나요. 어떻게 하면 좋을까요?"

최근 상담했던 마라탕 전문점 사장님의 이러한 사례가 특히 기억에 남는다. 자영업나 소상공인들을 인터뷰하며 느낀 점 중 하나는 대부분의 자영업자가 입소문 마케팅의 중요성은 알지만, '어떻게 해야 입소문이 나는지' 구체적인 방법을 모르고 있다는 것이었다.

나는 사장님에게 "고객이 기억할 만한 어떤 특별한 경험을 제공하고 계신가요?"라고 물었다. 차별화를 위해 중국식 마라탕 육수가 아니라 한국식 사골육수를 베이스로 사용했지만, 이런 특별한 점을 고객들에게 제대로 전달하지 못하고 있었다. 나는 "손님이 주문할 때마다 사골육수를 우려내는 과정을 설명하고, 시식용 육수를 따로 제공해보세요.

또한 '사골마라'라는 독특한 네이밍으로 브랜드 스토리를 만들어보는 건 어떨까요?"라고 제안했다. 얘깃거리가 될 만한 특별한 경험이 있어야 고객들이 자발적으로 입소문을 낸다는 점을 강조한 것이다.

입소문 마케팅의 핵심은 구전 효과(Word of Mouth)다. 현대 마케팅의 아버지로 불리는 필립 코틀러(Philip Kotler)는 "마케팅은 제품을 파는 것이 아니라 신뢰를 파는 것"이라고 했다. 소비자행동 연구에 따르면, 소비자의 92%가 광고보다 지인의 추천을 더 신뢰한다.

소비자의 머릿속 첫 번째 브랜드를 의미하는 'TOMA(Top-of-Mind Awareness)'는 소비자가 특정 제품 카테고리를 떠올릴 때 가장 먼저 생각나는 브랜드가 되는 것을 의미한다. 예를 들어 '전기차' 하면 '테슬라', '배달 앱' 하면 '배달의민족'이 떠오르는 것처럼, 브랜드가 소비자의 무의식 속에 각인되어 자연스럽게 연상되는 현상이다. 당연히 그런 대표 브랜드로 자리매김해야 입소문이 나게 되어 있다.

이런 입소문 마케팅의 대표적 성공사례가 바로 '총각네 야채가게'이다. '총각네 야채가게'의 성공 사례를 통해 입소문 마케팅의 3단계 접근법을 살펴보자.

1단계는 '손님 기억 속에 남기기'다. 총각네 야채가게는 '신선한 채소'라는 명확한 브랜드 정체성을 확립했다. 매일 새벽 대표가 직접 상품을 선별하는 모습을 고객들에게 보여주며, 신선함과 관련한 스토리를 만들고, 이를 통해 TOMA를 달성했다.

2단계는 '손님에게 매력 어필하기'다. 총각네 야채가게의 직원들은 각각 200명가량의 단골고객을 확보하고 맞춤형 서비스를 제공했다. 단순히 채소를 판매하는 것이 아니라, 고객의 취향과 쇼핑 행태를 기억하여 개인화된 서비스를 제공했다.

3단계는 '손님을 입소문 마케터로 만들기'다. 총각네 야채가게는 활기찬 총각 사원들의 친근한 서비스를 통해 고객들에게 즐거운 쇼핑 경험을 제공했다. 이러한 특별한 경험은 자연스럽게 SNS에서 화제가 되었고, 고객들은 자발적으로 매장을 홍보하는 마케터가 되었다. 이처럼 입소문 마케팅은 명확한 브랜드 정체성 확립, 차별화된 고객경험 제공, 그리고 자발적인 홍보로 이어지는 단계적 접근이 필요하다.

입소문 마케팅의 실천 전략을 알아보자.

첫째, 고객에게 '극적인 체험'을 제공해야 한다. 단순히 좋은 상품과 서비스만으로는 입소문이 퍼지지 않는다. 고객의 기억에 남을 만한 흥미로운 장치가 필요하다. 예를 들어 서울앵무새 카페처럼 특별한 공간 체험을 제공하거나, 예상치 못한 서비스로 고객을 감동시켜야 한다. 이러한 극적인 체험은 고객의 감정적 균형을 무너뜨리고, 이야기하지 않고는 견딜 수 없게 만든다.

둘째, 명확한 브랜드 정체성을 확립해야 한다. 총각네 야채가게처럼 '신선함'과 같은 핵심 가치를 정하고, 이를 모든 고객 접점에서 일관되게 전달해야 한다. 너무 많은 것을 하려다 보면 고객의 머릿속에 각인되지 못한다. 한 가지 핵심 가치에 집중하여 고객이 쉽게 기억하고 전달할 수 있도록 해야 한다.

셋째, 고객의 성향에 맞는 맞춤형 접근이 필요하다. 외향적이고 주도적인 성향의 고객은 자연스럽게 주변 사람들에게 입소문을 내는 '자발적 마케터'가 된다. 반면 내향적인 고객은 꾸준히 방문하는 단골로 유지하는 것이 좋다. 각각의 성향에 맞는 서비스를 제공하면서, 특히 외향적인 고객들에게는 더욱 특별한 경험을 제공하여 입소문을 유도한다.

넷째, 고객이 쉽게 전달할 수 있는 '이야깃거리'를 만들어야 한다. 예를 들어 "이 가게는 사장님이 매일 새벽 시장에서 직접 식재료를 고른다" 같은 명확한 키워드를 제공하면, 고객들은 마치 말 전하기 게임처럼 이 이야기를 다른 사람에게 전달한다. 이때 스토리는 단순하고 인상적이어야 하며, 전달하기 쉬워야 한다.

입소문 마케팅은 자영업의 성패를 가르는 핵심 요소다. 하지만 이는 결코 마법의 지팡이가 아니며, 앞에서 설명한 4P 마케팅의 기본을 갖추고 난 후에야 진정한 효과를 발휘할 수 있다. 특히 TOMA 전략을 통해 고객의 마음속에 확실한 포지셔닝을 구축하고, 극적인 경험을 제공하여 자발적인 입소문이 퍼지도록 하는 것이 성공의 핵심이다.

> **고수의 체크포인트**
>
> - 고객에게 제공하는 경험이 단순히 '만족'을 넘어서 '이야기하지 않고는 견딜 수 없는' 수준인가?
> - 외향적인 고객은 자발적 마케터로, 내향적인 고객은 충성 고객으로 차별화된 전략을 수립하고 있는가?

싸게 파는 집?
믿을 수 있는 집!

"친환경 유아용품 매장을 운영하신 지는 얼마나 되셨나요?"

소상공인 지원사업 심사장에서 한 사장님과 나눈 첫 대화였다. "1년 정도 됐는데, 매출이 생각만큼 오르지 않아요. 유명 브랜드나 대기업 제품이 아니라서 그런 것 같아요." 나는 최근의 내 경험을 들려주었다. "며칠 전 저도 비슷한 경험을 했습니다. 온라인에서 손녀 장난감을 구매하려다가 작은 브랜드의 제품을 발견했어요. 가격도 합리적이고 디자인도 마음에 들었죠. 하지만 구매 직전 불안감이 들더군요. '이 회사가 갑자기 문을 닫으면 어쩌지? AS는 제대로 해줄까?' 결국 저는 대기업 제품을 구매했습니다."

이어서 물었다. "현재 우리 매장의 신뢰도를 10점 만점에 몇 점이라고 생각하시나요?" 사장님은 "5점 정도?"라고 답했지만, 나는 고개를 저었다. "안타깝게도 마이너스 3점 정도일 겁니다."

사장님의 상품이나 서비스를 얕잡아보고 한 말은 아니었다. "요즘 소비자들은 자영업자에 대해 기본적으로 불안해합니다. 사기를 당하거나 회사가 망해버려서 AS를 못 받은 경험이 있기 때문이죠. 그래서 고객들은 '혹시 속는 건 아닐까' 하는 의심부터 하게 되죠. 따라서 우리는 0에서 시작하는 게 아니라, 마이너스인 상태에서 신뢰를 쌓아 올려야 하는 겁니다. 이것이 바로 자영업자들이 직면한 가장 큰 도전입니다. 그래서 요즘 많은 매장들이 인플루언서 마케팅을 활용하는 겁니다. 지하철 앞 노점 상인과 유명 인플루언서가 같은 제품을 판다고 가정해보세요. 어느 쪽을 더 신뢰하시겠습니까? 인플루언서의 영향력은 단순한 홍보가 아닌, 신뢰도 확보를 위한 전략적 선택인 거죠."

신뢰도 확보의 중요성은 경영학 이론에서도 설명되고 있다. 소상공인의 신뢰도 구축을 위한 이론 중 실제 적용 가능한 핵심 전략을 살펴보자. 먼저, '신호 이론(Signaling Theory)'은 소비자의 불안을 해소할 수 있는 구체적인 '신뢰 신호'의 중요성을 강조한다. 예를 들어, 명확한 환불 정책, 품질 보증서, 전문가 자격증 등이 이러한 신호가 될 수 있다. 실제로 한 소규모 식당은 '음식이 마음에 들지 않으면 금액의 120%를 환불해드립니다'라는 과감한 보증을 내세워 고객의 신뢰를 얻었다.

설득심리학의 대가 로버트 치알디니의 '사회적 증거 이론(Social Proof Theory)'은 온라인 신뢰도 구축의 기초가 된다. 이는 단순한 리뷰 관리를 넘어 고객경험의 전체적인 공유와 관련이 있다. 한 동네 베이커리는 제조 과정을 매일 SNS에 공유하고, 고객들의 피드백을 매장 디스플레이에 적극 반영하면서 신뢰도를 높였다.

가장 주목할 만한 것은 최근 부상하는 '마이크로 브랜딩(Micro Branding)' 전략이다. 마이크로 브랜딩이란 작은 규모의 가게를 차별화된 브랜드로 만드는 것을 말한다. 소상공인의 '작은 규모'를 오히려 장점으로 승화시키는 접근법이다. 대기업이 할 수 없는 상세한 고객 응대, 맞춤형 서비스, 빠른 피드백 반영 등을 통해 차별화된 신뢰관계를 구축하는 것이다. 예를 들어, 한 소형 안경점은 고객별 착용 기록과 선호도를 데이터베이스화하여 개인화된 서비스를 제공함으로써 대형 체인점과는 다른 신뢰관계를 구축했다. 이러한 이론들은 결국 하나의 공통점을 가리키고 있다. 소상공인은 규모의 한계를 넘어, 오히려 작은 규모를 활용한 과감한 보증, 투명한 정보 공개, 긴밀한 고객 소통을 통해 독자적인 신뢰 구축이 가능하다는 것이다.

소상공인의 신뢰 구축을 위한 핵심 체크포인트를 살펴보자.

첫째, 객관적 신뢰 인증을 확보하고 이를 전면에 내세워야 한다. 앞서 살펴본 신호 이론에서 강조했듯이, 소비자들은 공신력 있는 인증을 신뢰의 기준으로 삼는다. 예를 들어 식품점이라면 HACCP 인증을, 친환경 제품을 판매한다면 친환경 인증 마크를 매장과 웹사이트에 눈에 띄게 배치해야 한다. 더불어 업계 전문가나 유명 인플루언서와의 협업을 통해 제3자의 검증을 확보하는 것도 중요하다. 실제 사례를 보면, 한 친환경 유아용품 매장은 육아 전문가와 협업한 제품 안전성 검증 영상을 제작하여 신뢰도를 크게 높였다.

둘째, 과감하고 구체적인 보증 정책을 제시해야 한다. '환불해드립니다'라는 식의 모호한 표현 대신, '제품에 불만족하시면 30일 내 무료 반품은 물론, 청구 금액의 100%를 환불해드립니다'와 같이 구체적인 보증을 제시해야 한다. 이는 앞서 언급한 마이크로 브랜딩 전략의 핵심으로, 대기업이 하기 어려운 과감한 보증을 통해 차별화된 신뢰를 구축할 수 있다. 특히 소비자의 주요 불안 요소를 정확히 파악하여, 이를 해소하는 방향의 보증이어야 한다.

셋째, 전문적인 웹사이트 구축을 통해 디지털 신뢰도를 확보해야 한다. 요즘 소비자들은 구매 결정 전 반드시 웹사이트를 확인하는데, 이때 몇 가지 핵심 요소들이 신뢰도를 결정짓는다. 먼저, 대표 전화번호를 페이지 상단에 눈에 띄게 배치해야 한다. 고객이 언제든 연락할 수 있는 접근성은 신뢰의 기본이다. 다음으로, 실제 사업장 주소를 명확히 표시해야 한다. 재택근무나 온라인 기반 사업이더라도 고객 미팅이 가능한 주소지는 반드시 필요하다.

또한 개인정보보호정책과 이용약관을 반드시 게시해야 하며, 웹사이트의 전체적인 디자인도 전문적으로 구축해야 한다. 최근에는 저렴하면서도 세련된 웹사이트 템플릿이 많으므로, 이를 활용하여 신뢰감 있는 디지털 존재감을 구축할 수 있다.

자영업자에게 신뢰 구축은 대기업보다 더 중요한 과제다. 이제는 '무조건 싸게 파는 가게'나 '맛있는 식당'이 아닌, '믿을 수 있는 가게', '신뢰할 수 있는 사장님'이 되어야 한다. 대기업과의 경쟁에서 이기는

길은 확실한 신뢰를 기반으로 한 단골고객을 확보하는 것이며, 이것이
바로 대기업과 경쟁할 수 있는 자영업 생존의 핵심전략이어야 한다.

고수의 체크포인트

- 우리 매장의 신뢰도를 높이기 위해 구체적인 인증이나 보증을 제시하
  고 있는가?
- 우리 웹사이트가 신뢰도를 높이는 핵심 요소들을 모두 갖추고 있는
  가? (대표 전화번호의 눈에 띄는 배치, 실제 사업장 주소 명시, 개인정
  보보호정책 게시, 전문적인 디자인 등)

지역사회의
일원이 되라

　가끔씩 동네 수영 멤버들과 들르던 단골 까페의 강 사장님은 10년째 같은 자리에서 가게를 운영하셨다. 며칠 전에 들렀더니 매출이 급감했다며, 인근 큰길가에 생긴 대기업 카페와 배달 앱의 영향 때문인 듯하다고 걱정했다. "장 교수님, 예전에는 아침마다 직장인들과 아파트 엄마들이 줄 서서 커피를 사 가곤 했는데, 요즘은 절반도 안 됩니다. 게다가 젊은 손님들은 배달 앱으로만 주문하네요. 이러다 문닫겠어요". 뉴욕 브로드웨이의 '스타라이트 델리' 관련 기사를 읽었던 기억이 떠올라, 지역사회와의 관계에 대한 이야기를 꺼냈다.

　"사장님은 지금 매출을 위해 '카페 운영'에만 집중하고 있는데, 고객들 입장에선 '우리 동네의 한 부분'으로 여겼던 그 공간을 잃어버린 게 아닐까요? 단순히 커피를 파는 곳이 아니라, 지역 주민들의 일상이 되어야 할 텐데요…." 사장님은 한숨을 쉬며 말했다. "그런데 어떻게 해야 할지 모르겠어요. 요즘은 아는 손님들과 대화할 시간도 거의 없고, 매일 매출 숫자만 보게 됩니다."

나는 '로컬 브랜딩'이라는 개념을 설명했다. "사장님 입장에선 빠르게 돈을 버는 마케팅에 대해 알고 싶으시겠지만, 저는 동네 단골과의 진정성 있는 소통이 더 중요한 장사의 핵심이라고 말씀드리고 싶네요. 대기업 카페도 배달 앱도 따라할 수 없는 것이 바로 지역사회와의 진정성 있는 관계입니다."

사장님은 "그렇네요. 처음 가게를 열 때는 이웃들과 정을 나누는 공간을 만들고 싶었는데, 어느새 매출에만 집중하고 있었네요. 동네 주민들의 사랑방 같은 카페를 꿈꿨었는데…." 라고 대답했다. 나는 "늦지 않았습니다. 이제부터라도 지역사회의 일원으로 자리매김하는 일이 무엇일지 생각해보세요. 그러면 매출은 자연스럽게 따라올 겁니다."

며칠 후 그는 동네 주민들을 위한 독서 모임을 시작했다는 기쁜 소식을 전해왔다.

현대 마케팅에서 기업의 사회적 책임이 중요해지면서, 대기업들은 '기업의 사회적 책임(CSR, Corporate Social Responsibility)' 활동을 통해 기업 가치를 높이고 있다. 이러한 흐름은 자영업 분야에서 '로컬 브랜딩(Local Branding)'이라는 새로운 개념으로 발전했다. 로컬 브랜딩이란 자영업자나 소상공인들이 지역사회의 일원으로서 책임과 역할을 다하며, 지역 주민들과 정서적 유대를 형성하는 것을 의미한다.

뉴욕 브로드웨이의 '스타라이트 델리'는 이러한 로컬 브랜딩의 대표적 사례다. 39년간 이 식당을 운영한 김정민 사장은 배고픈 청년들에게 무료로 음식을 제공하고, 지역 예술가들을 후원했다. "배고픈 젊은 이들이 주급을 못 받았다고 하는데 안 먹일 수는 없지 않습니까"라는 그의 철학은 지역사회에 깊은 감동을 주었고, 폐업 소식이 전해지자 200여 명의 뮤지컬 배우들이 거리 공연으로 감사를 표현했다. 현지 언론은 "뉴욕 역사의 한 장이 사라진다"고 보도했다.

'브레이브 킨' 수제 요거트는 고객만족경영의 좋은 사례. 고객의 실수로 제품이 냉동되었을 때도 즉시 새 제품을 보내주는 등 진정성 있는 서비스를 제공했고, 모든 SNS 댓글에 직접 답변하며 고객과 긴밀히 소통했다. 이러한 노력으로 강력한 팬덤을 형성하며 업계를 선도하고 있다.

이러한 진정성 있는 '착한' 경영은 MZ세대의 '가치소비' 트렌드와 맞물려 '돈쫄' 문화로 발전했다. '진짜파스타'는 결식아동들에게 무료로 음식을 제공하겠다는 결정으로 화제가 되었고, 이는 2,700여 개의 식당이 동참하는 선한 영향력 운동으로 확산됐다. '철인7호치킨'은 돈이 부족한 형제에게 무료로 치킨을 제공했고, 이 소식이 알려지자 전국에서 기부성 주문이 이어졌다.

'로컬 브랜딩'을 위해서는 지역사회를 단순한 시장으로 보지 않고, 진정성 있게 상생하는 관계를 만들어야 한다. 예를 들어, 눈이 내렸을 때 고객을 위한 서비스가 아니라 지역사회의 이웃으로 먼저 나서서 눈을 치우는 활동이 이에 해당한다. 이런 노력은 소비자에게 단순한 친절 이상의 감동과 신뢰를 제공하며, 이는 자연스럽게 매출 증대로 이어진다.

앞서 살펴본 스타라이트 델리나 브레이브 킨의 사례처럼, 자영업자가 지역사회의 일원이 되기 위한 구체적 실천 방안은 다음과 같다.

첫째, '지역사회 공유 공간' 만들기다. 1인 고객을 위한 커뮤니티 테이블을 설치하거나, 독서 모임처럼 주민들이 자유롭게 모일 수 있는 공간을 제공하는 것이다. 이를 통해 단순한 상업 공간을 넘어 지역 커뮤니티의 중심이 될 수 있다.

둘째, '우리 동네 나눔 데이' 개최다. 한 달에 한 번, 상가 내 모든 가게가 일정 시간 동안 일부 제품이나 서비스를 무료 또는 할인 제공하는 것이다. 베이커리는 빵 한 개 증정, 카페는 무료 커피 제공 등을 통해 고객들에게 '우리 동네 가게들이 따뜻한 곳'이라는 인식을 심어줄 수 있다.

셋째, '지역 기부 캠페인'이다. '소비가 기부가 된다' 캠페인을 진행하여 특정 기간 동안 일부 수익을 지역 아동센터나 복지기관에 기부하는 것이다. 상가 내 가게들이 함께 참여한다면 '우리 상권은 착한 상권'이라는 이미지가 형성될 것이다. 예를 들어 "이곳에서 커피 한 잔을 사시면, 500원이 지역 아동센터에 기부됩니다"라는 메시지로 의미 있는 소비를 유도할 수 있다.

넷째, '우리 동네 핫플 만들기' SNS 캠페인이다. 고객이 가게 방문 후 SNS에 인증샷을 올리면 상가 내 다른 가게에서 추가 혜택을 제공하는 방식도 생각해볼 수 있다. 이는 자연스러운 입소문 효과와 함께 상권 전체가 활성화되는 효과를 불러올 수 있다.

마지막으로, 이러한 모든 활동의 핵심은 진정성이다. 단순한 마케팅이 아닌, 진심으로 이웃과 지역사회에 기여하려는 마음가짐이 있을 때 고객들은 이를 알아보고 응원하게 된다.

자영업자의 성공은 단순한 매출 증대를 넘어 지역사회와의 관계 형성에 달려 있다. 로컬 브랜딩을 통해 가게가 지역사회의 필수적인 구성원으로 자리 잡을 때, 진정한 의미의 지속가능한 경영이 가능해진다. 이제는 '우리가 뭘 이런 것까지 해야 하나?', '우리 먹고살기도 바쁜데…'가 아니라 '우리 가게가 이 동네에 꼭 필요한 존재인가?'를 함께 고민해야 할 때다.

고수의 체크포인트

- 우리 가게는 이웃과 지역 주민들의 일상에서 어떤 도움이 되고 있는가?
- 일주일에 한 번이라도 이웃과 지역사회를 위해 실천하는 일이 있는가?

끝났다고
끝난 게 아니다

한 유명 의류 브랜드의 강의를 위해 매장을 참관하던 중이었다. 고가의 원피스를 구매하려던 고객이 갑자기 마음을 바꿔 매장을 나가버리자 직원이 불쾌한 표정을 지으며 등을 돌리는 모습을 목격했다. 나는 이런 모습을 다음 날 직원 교육에서 주요 주제로 삼았다.

"고객이 물건을 사지 않고 나가는 것은 실패가 아닙니다. 오히려 새로운 관계의 시작이 될 수 있죠." 참석자들과 함께 이런 상황에서의 고객 응대 방법을 깊이 있게 논의했다. 처음에는 "어차피 안 살 고객인데 뭐하러 신경 쓰나요?"라는 반응도 있었지만, 한 직원이 "저는 앞으로 고객이 물건을 사지 않더라도 문밖까지 따라 나가서 배웅하겠습니다"라고 제안해 모두를 놀라게 했다. 이를 계기로 다른 직원들도 적극적으로 의견을 내기 시작했다.

한 달 뒤 후속 점검을 위해 매장을 다시 찾았을 때, 놀라운 변화가 일어나 있었다. 직원들은 구매하지 않는 고객에게도 밝은 미소로 "천천히 둘러보시고 결정하세요. 다음에 또 방문해주세요"라고 정중히 인사하며 문밖까지 배웅했다. 특히 그날의 그 고객은 일주일 후 딸과 함께 매장을 재방문해 원피스를 구매했고, 이제는 매장의 충성 고객이 되어 주변 지인들에게도 적극적으로 매장을 추천하고 있다고 했다.

직원 한 명의 작은 제안이 매장 전체의 문화를 바꾸고, 이것이 실제 매출 증대로 이어진 것을 확인할 수 있었다. 고객을 향한 진심 어린 배려가 얼마나 큰 변화를 가져올 수 있는지 보여주는 순간이었다.

이러한 변화는 고객경험의 마지막 순간을 특별하게 만드는 것이 얼마나 중요한지를 잘 보여주고 있다. 심리학자 대니얼 카너먼(Daniel Kahneman)의 '피크엔드 효과(Peak-End Effect)'는 사람들이 경험을 평가할 때 감정이 최고조에 달했을 때와 마지막 순간의 기억을 바탕으로 전체를 판단한다는 이론이다. 앞서 언급한 문밖까지 배웅하는 직원의 사례는 바로 이 피크엔드 효과를 실제 매장에서 성공적으로 적용한 사례라고 할 수 있다.

미국의 유통 전문가 바바라 칸(Barbara Kahn)은 "구매로 이어지지 않은 방문도 고객 여정의 중요한 한 부분"이라고 강조하고 있다. 실제로 한 연구에 따르면, 첫 방문에서 긍정적 경험을 한 고객의 70%가 재방문하는 것으로 나타났다.

고객의 기억을 강하게 하는 것은 '반품' 과정에도 있다. 그런데 반품 상황에서는 고객의 귀인(attribution) 해석이 중요하다. 귀인 이론이란 사람들이 자신이나 타인의 행동 원인을 어떻게 해석하고 판단하는지를 설명하는 이론이다. 워싱턴앤리대학의 아만다 바우어(Amanda Bower) 교수팀의 연구에 따르면, 고객들은 반품의 원인이 자신에게 있더라도 비용 부담을 꺼려한다. 반면 무료 반품 정책을 제공한 매장의 고객들은 오히려 구매액을 늘렸다. 이는 단기적 손실보다 고객 신뢰 구축이 더 중요함을 시사하고 있다.

불만을 제기한 고객에 대한 대응도 고객의 기억에 오래 남는다. 하버드 비즈니스 스쿨의 연구에 따르면, 불만사항이 신속하고 성공적으로 해결된 고객의 95%가 해당 기업과 거래를 지속했다. 특히 문제 해결 후 후속 연락을 통해 확인하는 과정에서 오히려 더 강한 신뢰 관계가 형성되었다. 결국 고객관리의 진정한 시험대는 이러한 '위기의 순간'들이다.

여기에 하나 더 주목해야 할 상황이 있다면 '가격 협상이 결렬된 순간'일 것이다. 고객이 원하는 가격에 맞춰줄 수 없어 거래가 성사되지 않았을 때도, "죄송합니다만 저희도 품질을 위해 이만큼은 지켜야 해서요"라며 진정성 있게 설명하고 정중히 배웅한다면, 이후 다른 제품이나 서비스로 재방문할 가능성이 높아진다는 연구 결과도 있다. 이처럼 '끝'이라고 생각되는 '위기의' 순간들을 얼마나 잘 관리하느냐가 정말 중요하다.

앞서 살펴본 이론과 사례들을 실제 매장 운영에 적용하기 위한 구체적인 실천 방안을 살펴보자.

첫째, 고객이 물건을 사지 않고 나갈 때는 긍정적인 마지막 인상을 남기는 것이 중요하다. "천천히 살펴보시고 결정하세요"라며 고객의 선택을 존중하는 태도를 보이고, 제품의 핵심 장점을 간단히 상기시킨 뒤, 다음 방문을 위한 할인 쿠폰이나 명함을 전달한다.

둘째, 반품이나 환불 요청 시에는 귀인 이론을 고려한 접근이 필요하다. 즉각적으로 고객의 불편에 공감을 표현하고, 반품 절차를 신속하고 친절하게 안내하며, 다음 구매 시 사용할 수 있는 추가 혜택을 제공하는 것도 좋은 방법이다.

셋째, 고객 불만 접수 시에는 문제 해결과 함께 사후 관리가 중요하다. 진심 어린 사과와 함께 구체적 해결방안을 제시하고, 문제 해결 후 반드시 후속 연락을 통해 확인한다. 이때 가장 중요한 것은 불만을 제기한 고객을 '조언자'로 전환하는 전략이다. 예를 들어, 음식에 대한 불만이 제기되었을 때 단순히 "죄송합니다. 다시 준비해드리겠습니다"라고 하는 데서 그치지 않고, "다른 메뉴는 어떠신가요? 혹시 저희 음식의 간이나 양념에 대해 조언해주실 수 있을까요?"라고 요청하는 것이다. 이렇게 하면 고객의 입장이 '불만을 제기한 사람'에서 '의견을 제시하는 조언자'로 바뀌게 된다. 체면을 살려주는 것이다. 조언자가 된 고객은 해당 매장에 더 큰 관심과 애착을 갖게 되고, 자연스럽게 단골이 될 가능성이 높아진다.

이러한 실천 방안들을 효과적으로 수행하기 위해서는 직원 교육이 필수적이다. 특히 위기 상황에서의 응대 방법, 고객 심리 이해, 효과적 커뮤니케이션 기술 등에 대한 정기적인 교육과 훈련이 이루어져야 한다.

'끝났다'고 생각하는 순간이 오히려 새로운 시작이 될 수 있다. 구매로 이어지지 않은 방문, 반품, 불만 제기 등 얼핏 부정적으로 보이는 상황도 고객과의 관계를 강화할 수 있는 기회다. 진정성 있는 마지막 순간의 관리와 체계적 후속 조치는 평생 고객을 만드는 지름길이 된다. 이러한 위기의 순간들을 새로운 기회로 전환하는 능력이야말로 진정한 고객관리의 핵심이다.

고수의 체크포인트

– 나는 '끝'이라고 생각되는 순간마다 새로운 관계의 시작점을 만들어내고 있는가?
– 고객이 돌아갈 때의 표정을 매일 체크하고 있는가? 그들의 마지막 표정에 우리의 미래가 담겨있다.

제 4 장

말 한마디로 매출이 달라진다

[고객 설득의 심리학 & 매장 대화법]

칭찬은 매출도
춤추게 한다

고등학교 친구가 운영하는 안경원에 갔다가 인상적인 판매 기술을 발견했다. 50대 중반의 남성 고객이 안경테를 고르던 중 "우리 아들이 작년에 의대에 합격했는데, 그때 맞췄던 안경테랑 비슷하네요"라며 자랑스러운 듯한 목소리로 말했다.

친구는 평소 과묵하고 직설적인 성격인데, 이때만큼은 좀 달랐다. "와, 정말 대단하시네요! 의대는 정말 들어가기 힘든데, 아드님이 아주 똑똑하신가 봐요. 아드님을 잘 키우신 교육 철학이 궁금합니다"라며 진심 어린 칭찬을 건넸다. 고객의 얼굴에 뿌듯한 미소가 번지자 친구는 자연스럽게 "그러고 보니 요즘 젊은 의사 선생님들 사이에서 인기 있는 새로운 스타일의 테가 있는데, 한번 보시겠어요?"라며 대화를 이어갔다. 결국 고객은 고급 안경테와 최상급 렌즈를 선택했다.

나중에 친구에게 물어보니 "무작정 칭찬하면 오히려 역효과가 날 수 있어. 고객이 자부심을 느끼는 순간을 포착해서 진정성 있게 칭찬하는 게 핵심이야"라고 했다. 그의 말처럼 칭찬은 고객의 마음을 여는 열쇠지만, 그 열쇠를 언제 어떻게 사용할지 아는 것이 진정한 판매의 기술이라는 걸 깨달았다. 친구가 갑자기 존경스러워진 순간이었다.

심리학자 윌리엄 제임스(William James)는 '인간의 가장 깊은 욕구는 인정받고 싶은 욕망'이라고 했다. 특히 소비 심리학 연구에 따르면, 고객이 매장에서 받는 인정과 칭찬은 단순한 기분 좋음을 넘어 구매 결정에 직접적인 영향을 미친다.

하버드 비즈니스 스쿨의 소비자행동 연구에 따르면, 판매 과정에서 적절한 칭찬을 받은 고객은 그렇지 않은 고객에 비해 구매 결정을 내릴 확률이 67% 더 높았다. 특히 구체적이고 진정성 있는 칭찬을 받은 고객의 경우, 매장 재방문율이 평균 43% 증가하는 것으로 나타났다.

세계적 백화점 체인 노드스트롬(Nordstrom)은 '칭찬 중심의 고객 서비스'를 도입한 후 고객만족도가 58% 상승했다. 이들은 단순히 상품을 칭찬하는 것이 아니라, 고객의 선택과 안목을 인정하는 방식으로 접근했다. "이 스카프를 고르신 안목이 특별하시네요. 올 시즌 트렌드를 정확히 아시는 분이군요"와 같은 구체적 칭찬이 대표적이다.

한국소비자원의 연구에 따르면, 매장에서 받은 칭찬의 종류에 따라 고객 반응도 달라졌다. 단순한 외모나 상품에 대한 칭찬(예: "예쁘시네요", "잘 어울리세요")은 큰 효과가 없었지만, 고객의 안목이나 선택을 인정하는 칭찬(예: "스타일을 잘 아시는 분이네요", "센스 있는 선택이에요")은 구매 결정에 더 긍정적 영향을 미쳤다.

연구 결과로 입증된 이러한 칭찬의 효과를 매장에서 실제로 구현하기 위한 구체적 방법들을 살펴보자.

첫째, 반론 제기 시의 칭찬법이다. 10년째 의류 매장을 운영 중인 이 사장님의 사례를 보자. "바지가 좀 타이트한 것 같아요"라는 고객의 말에 "맞아요. 평소 스타일과는 다르시죠. 그런데 고객님은 체형이 균형 잡혀 있어서, 이렇게 살짝 핏한 스타일이 훨씬 세련되어 보이세요"라고 답했다. 이처럼 고객의 의견에 먼저 공감하고, 이어서 장점을 구체적으로 짚어주는 방식이 효과적이다.

둘째, 사적 대화 시의 칭찬법이다. 골목 카페 '커피한잔'의 박 사장님 사례를 보면, "딸이 예고에 합격했어요"라는 단골손님의 이야기에 "따님이 예술적 감각이 특별하시네요. 오늘은 저희 시그니처 디저트로 축하해드리면 어떨까요?"라며 고객의 자부심을 인정하고 자연스럽게 판매로 연결했다.

셋째, 고객의 취향을 칭찬하는 전략이다. '예쁜머리' 헤어살롱의 김 원장님은 "단발은 관리가 어려울 것 같아요"라는 고객의 걱정에 "고객님은 목선이 길고 얼굴형이 갸름해서, 단발이 정말 잘 어울리실 것 같아요"라며 구체적인 이유와 함께 칭찬했다. 단순히 "잘 어울리세요"가 아닌, 고객의 특징을 정확히 짚어주는 전문가적 칭찬이 신뢰도를 높인다.

넷째, 상황별 맞춤 칭찬법이다. 계산대에서는 "이런 스타일을 고르시다니, 트렌드를 잘 아시는 분이네요", 피팅룸에서는 "이 색상이 고객님 피부 톤과 잘 어울려요", 상담 시에는 "질문하시는 게 굉장히 꼼꼼하세요" 등 상황에 맞는 구체적인 칭찬이 효과적이다.

마지막으로, 업종별 특성을 고려한 칭찬이 중요하다. 요식업의 경우 "음식에 대한 안목이 있으시네요", 패션숍에서는 "스타일링 감각이 남다르세요", 미용실에서는 "모발 상태가 좋으시네요" 등 해당 업종의 전문성이 느껴지는 칭찬을 구사해야 한다.

여기서 중요한 것은 진정성이다. 구체적 사실을 바탕으로 한 진정성 있는 칭찬만이 고객의 마음을 열고 매출 증대로 이어질 수 있다는 점을 항상 기억해야 한다.

결국 칭찬은 단순한 서비스 기술이 아닌, 고객과의 신뢰 관계를 구축하는 핵심 요소임이 여러 연구와 사례를 통해 입증되고 있다. 하지만 무작정 하는 칭찬이 아닌, 때와 상황에 맞는 전략적 칭찬만이 고객의 마음을 열고 매출 증대로 이어질 수 있다는 점을 기억하기 바란다.

고수의 체크포인트

- 고객의 반론이 나왔을 때를 기회로 삼아 공감과 함께 구체적인 칭찬으로 연결하고 있는가?
- 단순한 외모나 상품이 아닌, 고객의 안목과 취향을 인정하는 전문가적 칭찬을 하고 있는가?

'비싸요'가 '좋아요'로
바뀌는 3F 대화법

얼마 전, 어느 소형 의류 매장에서 뜻밖에도 소중한 교훈을 배웠다. 매장에 들어서자마자 눈에 띈 청바지를 한참 살펴보던 중, 막상 만져보니 옷감이 다소 두껍다는 느낌이 들었다. 그래서 판매원에게 "청바지가 좀 두꺼워서 더울 것 같은데요"라고 솔직하게 말했다.

판매원은 "맞아요, 처음 보시는 분들은 두께가 부담스러울 수 있죠"라고 내 우려를 인정하며 말문을 열었다. 보통은 "아니에요, 이 정도면 보통이에요"라고 바로 반박하는 경우가 많았는데, 이 판매원은 달랐다. 그러면서 "전에 오셨던 다른 손님도 같은 고민을 하셨지만, 입어보니 오히려 통풍이 잘 된다고 하셨어요"라고 덧붙였다. 마지막으로 "게다가 살에 달라붙지 않아서, 오래 입어도 핏이 유지된다는 장점이 있어요. 직접 입어보시면 더 정확히 아실 거예요" 하며 피팅룸으로 안내했다.

지금 돌이켜보면, 이 판매원의 대화 방식이 바로 '3F 기법'이었다. 판매원은 내 감정을 먼저 인정해주고(Feel), 비슷한 고민을 가진 다른 고객 사례를 말해주며(Felt), 구체적인 해결책과 이점까지 제시해준(Found) 것이다. 이처럼 3F 기법은 고객과의 진정성 있는 공감을 바탕으로 한 소통 방식이다.

데일 카네기는 "상대의 입장에서 문제를 바라보는 순간, 절반은 이미 설득에 성공한 것이다"라고 했다. 실제로 판매원이 내 입장을 존중하자 마음이 한결 부드러워졌고, '두께가 있는 청바지는 오래 입어도 핏이 유지된다'는 장점도 자연스럽게 받아들이게 됐다.

세상에서 가장 어려운 것이 두 가지라고 한다. 첫 번째가 내 생각을 남의 머리에 넣는 일이고, 두 번째가 남의 주머니에 있는 돈을 내 주머니로 옮기는 일이다. 그런데 이 판매원은 3F 기법을 통한 진정성 있는 공감으로 두 가지 모두를 성공적으로 해냈다.

'3F 기법'은 판매나 상담 현장에서 자주 쓰이는 소통 방식이다. 첫째, Feel(공감)은 고객이 가진 불만이나 걱정에 먼저 공감하고 인정하는 것이다. 둘째, Felt(느꼈다)는 다른 고객들도 비슷한 문제의식을 가졌음을 알려, 고객이 혼자가 아니라는 점을 전달한다. 셋째, Found(찾았다)는 문제를 해결할 수 있는 구체적인 정보나 방법을 제시하는 것이다.

애플은 '직원 훈련 매뉴얼'을 통해 '공감의 위력(power of empathy)'을 강조한다. 고객의 감정 상태를 이해하고 좋은 방향으로 바꾸려고 노력하되, 화나고 불만스러운 그 감정을 똑같이 느끼지는 말라는 것이 핵심이다. 예를 들어, 애플컴퓨터가 비싸다고 불평하는 고객에게 "고객님이 왜 그렇게 느끼시는지 이해합니다(Feel). 저도 처음에는 비싸다고 느꼈거든요(Felt). 하지만 자세히 따져보니 내장된 모든 소프트웨어와 기능을 감안하면 꽤 합리적인 가격이더라고요(Found)"라고 대응하도록 한다.

한 수제 음료 카페의 사례도 이를 잘 보여준다. 손님이 "이 메뉴, 다른 카페보다 1,000원 이상 비싼 거 아니에요?"라고 지적하자, 사장님은 "네, 맞아요. 저도 처음에 이 음료를 개발할 때, 가격이 조금 높게 책정될 거라고 예상했어요(Feel)"라고 공감했다. 그리고 "다른 단골분들도 처음엔 비싸다고 느끼셨는데(Felt) 재료가 신선하고 양이 충분하다는 점을 알고 나선 오히려 가성비가 좋다고 말씀하시더라고요"라며 다른 고객의 경험을 들려줬다.

이어서 "딸기와 레몬을 매일 아침 직접 갈아 넣어, 설탕이나 시럽을 최소화했어요. 그래서 건강하고 신선한 맛을 유지합니다. 값이 살짝 더 나가지만, 이곳에서밖에 맛볼 수 없는 레시피예요(Found)"라고 설명했다. 결국 손님은 "이 정도면 비싸다기보다 제대로 된 값을 하는 것 같아요"라고 말했다.

미용실에서도 3F 기법은 효과적이다. "새로운 스타일이 어울리지 않을까 봐 걱정된다"는 고객에게 "맞아요, 처음 시도하시는 분들은 적잖이 두려움을 느끼시죠(Feel)"라고 공감한 뒤, "다른 손님도 망설이다가 결국 시도해보고 나서는 주변에서 어려 보인다는 칭찬을 받았어요(Felt)"라고 말한다. 그리고 "지금 트렌드에 맞춰서 약간의 변화를 주면 한결 세련돼 보이고, 손질도 간편해질 거예요(Found)"라고 구체적 이

점을 전달하면, 고객은 훨씬 안심하고 미용사의 제안을 받아들이게 된다.

앞서 본 의류 매장, 수제 음료 카페, 미용실의 사례들처럼 3F 기법은 어느 업종이든 적용할 수 있다.

먼저, 고객이 느끼는 불편이나 우려를 있는 그대로 존중하라(Feel). 청바지가 두껍다거나, 음료 가격이 비싸다는 지적에도 '상대방을 진심으로 이해하려는 태도'로 시작해야 한다.

둘째, 다른 고객들의 실제 경험을 적극 활용하라(Felt). '다른 손님도 처음에는 그렇게 생각하셨는데…'라는 이야기는 고객에게 심리적 안도감을 준다. 특히 가격에 대한 불만이 있을 때는 애플의 매뉴얼처럼 판매자도 비슷한 경험이 있었음을 언급하는 것이 더 효과적이다.

마지막으로, 구체적인 해결책이나 이점을 제시하라(Found). 수제 음료의 신선한 재료나 청바지의 견고한 핏 유지처럼, 가격 이상의 가치를 구체적으로 설명할 때 고객은 비로소 납득하게 된다. 이때 가장 중요한 것은 '반박'이 아닌 '공감'으로 시작하는 태도다.

3F 화법은 단순한 고객과의 공감을 넘어, 고객이 불만을 제기하거나 다른 의견을 내놓을 때도 이를 새로운 가치를 만들어내는 기회로 바꿀 수 있는 강력한 소통 도구인 것이다.

이익을 줄 것인가,
고통을 줄 것인가

"많은 학부모와 상담을 하고 아이들이 찾아오지만, 실제로 등록하는 비율이 너무 낮습니다."

서울의 한 합기도장 관장이 상담 시간에 털어놓은 고민이다. 나는 그에게 부모의 마음을 사로잡는 새로운 접근법을 제안했다. 기존의 단순한 운동 효과나 체력 증진 위주의 설명에서 벗어나, 부모들의 가장 큰 관심사인 자녀의 안전과 자신감 향상에 초점을 맞추기로 한 것이다. 특히 최근 학교폭력에 대한 사회적 우려가 커지는 상황을 고려해 실질적인 자기방어 능력의 중요성을 강조하는 방향으로 접근했다.

"자녀가 학교에서 위험한 상황에 처하거나 괴롭힘을 당한다면, 스스로를 지킬 수 있어야 하지 않을까요?" 이렇게 시작하여 "합기도는 아이들에게 자신감을 심어줄 뿐만 아니라 위기 상황에서 스스로를 보호할 수 있는 능력을 길러줍니다"라는 메시지로 이어갔다. 여기에 손실 회피 심리를 자극하는 전략도 더했다. "이번 주 안에 등록하시면 특별 할인 혜택을 드립니다. 이 기회를 놓치지 마세요!"라는 문구로 지금 행동하지 않으면 손해를 본다는 인식을 심어주었다.

이 전략을 도입한 후 등록률이 눈에 띄게 상승했다며 관장은 내게 감사인사를 전해왔다. 사람들이 단순히 합기도를 배우는 것이 아니라, 자녀의 미래를 보호하기 위한 투자로 여기기 시작한 것이다. 그런데 실제로 우리 판매원들은 어떤가. 내가 보기엔 아직도 이 당연한 이치를 잊고 있거나 알더라도 외면하고 있는 듯하다.

이 세상에는 영원한 법칙이 하나 존재한다. 사람들이 행동을 취하는 것은 즐거움을 추구하고 고통을 피하기 위해서이며 고통을 피하려는 동기가 즐거움을 추구하려는 욕구보다 훨씬 강하다는 것이다. 이러한 인간의 기본적 심리는 노벨경제학상을 수상한 심리학자 대니얼 카너먼과 아모스 트버스키(Amos Tversky)의 전망이론(Prospect Theory)을 통해 입증되고 있다. 이 이론의 핵심은 사람들이 이익과 손실을 대할 때 보이는 비대칭적 태도를 설명한다. 예를 들어, 주사위 게임에서 100만 원을 잃을 수 있다면 사람들은 최소한 250만 원의 이득이 보장될 때에만 참여하려 한다. 이처럼 손실의 고통이 이익의 기쁨보다 2.5배 이상 크게 느껴지는 것이다.

이런 손실회피 성향은 자영업 현장에서도 쉽게 확인할 수 있다. 건강 관련 잡지를 보면 '멋진 복근을 만드는 방법'보다 '뱃살을 빼는 방법'이라는 제목이 더 많은 독자의 관심을 끈다. 침대 매트리스 광고도 마찬가지다. '최고의 숙면을 경험하세요'라는 문구보다 '10년 된 매트리스의 진드기를 생각해보세요'라는 문구가 더 효과적이다.

자동차 정비소에서도 이런 원리가 잘 적용되고 있다. "엔진 오일을 교체하면 차의 성능이 좋아집니다"라는 말보다 "노후된 엔진 오일을 계속 사용하면 고속도로에서 차가 멈출 수 있습니다"라는 설명이 고객들의 마음을 더 강하게 움직인다.

케이블TV의 보험 광고들도 이 원리를 활용한다. 보험 가입으로 얻을 수 있는 '마음의 평안함'보다는 보험이 없을 때 겪을 수 있는 '고통스러운 비극'을 더 강조한다. 마찬가지로 "500억 한도 내에서 0.2% 특별 금리를 드립니다"라는 말보다 "500억 한도가 소진되면 0.2% 특별 금리 혜택을 받을 수 없습니다"라는 표현이 더 강력하게 작용한다.

이처럼 손실회피성향은 마케팅의 핵심 원리로, 고객이 얻을 수 있는 이익을 강조하는 것보다 잃을 수 있는 것을 부각하는 편이 더 효과적이다. 매장에서도 '30% 할인된 가격으로 구매할 수 있는 기회'보다는 '이 기회를 놓치면 30% 할인을 받을 수 없다'는 식의 표현이 더 강력한 구매 동기를 부여하는 것이다.

손실회피성을 매장에서 효과적으로 활용하기 위해서는 고객과의 대화 방식을 전략적으로 구성해야 한다. 특히 고객이 구매를 망설일 때는 앞서 언급한 것처럼 '손실'을 강조하는 것이 효과적이다. 다만 지나친 과장이나 비현실적인 상황 강조는 피하고 윤리적 한계 내에서 신중하게 적용해야 한다.

매장 유형별로 더 구체적인 대화 전략을 살펴보자. 패션 매장에서는

"이 재킷은 오늘까지만 20% 할인이에요. 내일부터는 정가로 돌아가니 지금 구매하지 않으면 이 가격으로는 못 가져가세요"라는 식으로 접근한다. 미용실의 경우 "이번 달 안에 예약하시면 컬러 시술과 함께 무료 트리트먼트 혜택을 드려요. 다음 달에는 추가 비용이 발생할 수 있습니다"라고 말하면 효과적일 것이다.

가구점에서는 "고객님도 아시다시피 가구는 오래 사용하는 제품인데, 품질이 나쁘면 얼마 안 되어 갖가지 문제를 일으킬 수 있어요. 그러면 사용하기도 불편하고 사시고 나서 더 후회하게 되지 않을까요?"라는 식으로 설명할 수 있다. 타일 시공업체의 경우 "타일 공사를 하고 나서 재보수가 필요하게 되면 아주 번거로울 수 있습니다. 나중에 이곳저곳 뜯어내고 보수하느라 가재도구들을 이리저리 옮겨야 하는 데다 집안이 온통 시멘트 범벅이 될 수도 있지요"라고 설명하면 고객의 공감을 얻을 수 있다.

한정판매 전략도 효과적이다. 베이커리에서는 "매일 50개만 판매하는 인기 크루아상, 오늘도 곧 매진될 예정입니다"라고 알리고, 피트니스센터에서는 "1회 방문권은 2만 원이지만, 월 회원권은 10회만 와도 훨씬 저렴합니다"라는 식으로 표현하면 좋다. 여기서 중요한 것은 단순히 손실을 언급하는 것이 아니라, 고객의 상황에 공감하면서 자연스럽게 대화를 이어가는 것이다.

마지막으로, 고객 선물 증정 시에도 이러한 원리를 활용할 수 있다. "특별 선물은 재고가 한정되어 있다"고 알리면, 해당 선물을 받기 위해 고객이 더 빨리 의사결정을 내리거나 방문을 서두를 수 있다. 이때 중요한 것은 과장된 표현을 피하고, 진정성 있는 태도로 고객과 소통하는 것이다.

손실회피성향은 인간의 기본적 심리 중 하나이며, 이를 이해하고 활용하면 효과적인 마케팅이 가능하다. 다만 이를 활용할 때는 과장이나 허위가 아닌, 진정성 있는 메시지로 고객과 소통해야 한다. 결국 고객의 실질적 손실을 방지하면서 동시에 매출도 높일 수 있는 윈윈 전략을 만드는 것이 핵심이다.

고수의 체크포인트

- 지금 우리 매장의 상품이나 서비스 중에서 '이걸 안 사면 손해'라고 말할 수 있는 것은 무엇인가?
- 매장에서 직원들이 자주 쓰는 말 중에서 손실을 부각하는 표현은 얼마나 있을까?

구체적일수록
믿음이 간다

"저희는 비건 가죽을 활용한 가죽공예 클래스를 진행하고 있습니다. 그래서 친환경적입니다." 소상공인 지원사업 심사장에서 한 공방 사장님의 발표를 듣고 있다가 궁금해서 물었다. "비건 가죽이 무엇인가요?" "식물성 소재로 된 가죽을 말합니다." "고객들에게도 지금처럼 설명하시는지요?" 내가 재차 묻자 "네, 지금처럼 설명합니다"라고 대답했다. 내 말의 의도를 정확히 이해하지 못한 듯했다. 나는 고개를 저으며 설명했다. "사장님, 이렇게 설명하면 어떨까요? '비건 가죽은 옥수수, 선인장, 사탕수수, 바나나, 한지 등 식물성 소재로 만든 가죽으로, 동물 보호와 환경보호를 위한 친환경 대안입니다. 특히 일반 가죽과 비교해 내구성이 뛰어나고, 국제 친환경 인증을 받은 제품입니다.' 이렇게 구체적으로 설명하면 고객들의 이해도와 신뢰도가 훨씬 높아질 것 같은데요?" 사장님은 고개를 끄덕였다. "아, 그렇네요. 제가 너무 당연하게 생각하고 심사위원분들께도 설명을 소홀히 했네요." 나는 이어서 말했다. "고객은 구체적인 설명을 들을 때 자신이 받게 될 서비스나 제품을 더 생생하게 상상할 수 있습니다. 자세히 설명하지 않으면 고객은 의심하게 됩니다." 사장님은 열심히 메모했다. 나는 덧붙였다. "예를 들어 '친환경 가죽공예 클래스'라고만 하지 마시고, '식물성 원료로 제작된 비건 가죽으로 카드지갑부터 크로스백까지, 초급반은 2시간, 중급반은 4시간 과정으로 진행되며 수강생 맞춤형 1:1 지도를 제공하는 친환경 가죽공예 클래스'라고 설명해보세요. 어떤 느낌이 드시나요?" "아, 확실히 달라요. 제가 제공하는 상품의 가치가 더 잘 전달되는 것 같아요."

이런 구체적인 설명 방식은 얼마나 효과적일까? 과학적 근거가 있다. 제품이나 서비스를 홍보할 때는 크게 두 가지 방식이 있다. 포괄적 묘사와 세부적 묘사다. 포괄적 묘사는 '우리 농산물 100%'처럼 추상적이고 간단한 반면, 세부적 묘사는 '배추, 고춧가루, 마늘, 생강, 멸치액젓 등 순 우리 농산물 100%'처럼 구체적이고 실감 나게 표현한다.

심리학자 앨리슨 젠트너(Alison Gentner)와 아모스 트버스키(Amos Tversky)의 연구에 따르면, 사람들은 구체적이고 세부적인 설명을 들었을 때 더 많은 정보를 얻었다고 느끼며, 그 메시지가 자신과 더 관련이 있다고 생각한다. 마케팅에서는 이를 '세부 묘사 효과' 또는 '언패킹 효과(Unpacking Effect)'라고 부른다.

예를 들어 카페에서 '질 좋은 커피와 디저트 7,000원'이라고만 쓰는 것보다, '콜롬비아 안티오키아 지역 해발 1,900m 농장에서 직접 로스팅한 싱글 오리진 커피와 프랑스산 버터로 매일 아침 갓 구운 바닐라 크루아상 세트 8,000원'이라고 쓰면 어떨까? 후자의 경우 고객은 가격이 조금 더 비싸더라도 그 가치를 더 높게 평가하게 된다. 실제로 한 연구에서 동일한 와인을 소개할 때, '프랑스 보르도산 레드와인'이라는 포괄적 설명보다 '2018년산 보르도 생떼밀리옹 그랑크뤼 클라세 A 등급, 카베르네 소비뇽 70%, 메를로 30% 블렌딩'이라는 세부적 설명이 구매 의사를 43% 높였다는 결과가 나왔다.

이러한 세부 묘사를 효과적으로 활용하기 위한 핵심 포인트는 다음과 같다.

첫째, 핵심 재료나 원산지를 구체적으로 설명하라. '신선한 커피'가 아닌 '콜롬비아 안티오키아 지역 해발 1,900m 농장에서 직접 로스팅한 싱글 오리진 커피'처럼 구체적으로 표현하라.

둘째, 제조 과정이나 특별한 기법을 강조하라. '맛있는 빵'이 아니라 '프랑스산 버터로 매일 아침 4시부터 3회 발효 과정을 거쳐 갓 구운 크루아상'처럼 차별화된 과정을 설명하라.

셋째, 고객의 경험을 수치화하라. '많은 고객이 찾는'이 아니라 '월평균 재방문율 92%, 연간 2,000명의 수강생이 선택한 클래스'처럼 구체적 데이터를 활용하라.

넷째, 혜택을 구체적으로 나열하라. '특별 할인'이 아닌 '수업 종료 후 3개월간 무료 실습실 이용, 프리미엄 가죽 원단 20% 할인, 월 1회 무료

클리닝 서비스 제공'처럼 세부적 혜택을 명시하라.

이러한 세부 묘사의 효과는 특히 소상공인과 자영업자에게 중요한 마케팅 전략이 될 수 있다. 고객은 추상적이고 모호한 설명보다 구체적이고 상세한 정보를 제공하는 매장에 더 큰 신뢰를 보낸다. 결국 가게의 성공은 이러한 세부 묘사를 통해 쌓은 고객과의 신뢰에서 시작된다.

고수의 체크포인트

- 우리 매장만의 특별한 가치를 전달할 때, 고객이 생생하게 상상하고 경험할 수 있도록 구체적인 정보를 충분히 담고 있는가?
- 경쟁업체와의 차별점을 설명할 때, 수치나 데이터, 인증, 과정 등을 활용하여 신뢰도를 높이고 있는가?

즐거움이 곱하기가 되는
'쾌락적 편집'

"참, 장 교수님! 출장을 많이 다니신다면서요?"

동네 가게에서 화장품을 구매하고 가게를 나오려는 찰나였다. 판매원이 이 한마디와 함께 여행용 샘플 몇 개를 다시 담아주었다. 그때 나는 작은 감동의 순간을 경험했다. 사소한 샘플이지만 한꺼번에 담아주지 않고 나누어 제공하니, 그 기쁨이 더 커지고 특별한 대우를 받는다는 느낌이 들었다. 가게를 나서며 나는 이것이야말로 고객의 마음을 읽는 센스 넘치는 서비스라고 생각했다.

몇 년 전에는 현대자동차 세일즈맨에게서 제네시스를 구매했다. 내비게이션이 고장 나서 수리를 부탁했더니 수리는 물론 블랙박스까지 선물로 장착해주었다. 내게 차를 판매한 양 대표님께 감사 인사를 했더니 "1년 뒤에 따로 선물을 계획했었다"고 했다. 양 대표님은 고객의 즐거움을 시간 차를 두고 나누어 제공할 줄 아는 분이었다.

심리학에서는 이런 방식을 '쾌락적 편집'이라고 부른다. 쾌락적 편집이란 고객의 기억이 즐겁도록 경험을 편집하는 것을 의미한다. 이는 고객만족을 극대화하고 불만을 최소화하는 데 중요한 역할을 한다. 인간은 늘 합리적 판단과 경제적 논리에 따라 움직이는 것은 아니며, 때로는 감정에 따라 결정을 내린다.

인간의 심리적 특성을 연구하는 행동경제학에서 쾌락적 편집은 핵심 원리 중 하나로 자리 잡았다.

마케팅의 아버지로 불리는 필립 코틀러(Philip Kotler)는 "소비자의 감성적 경험은 제품 가치를 배가시키는 핵심 요소"라고 강조했다. 고객 경험을 어떻게 설계하고 제공하느냐에 따라 같은 제품이라도 그 가치가 크게 달라질 수 있다는 의미다. 이러한 맥락에서 쾌락적 편집의 두 가지 핵심 원칙을 이해할 필요가 있다.

첫째는 '기쁨(Joy)은 나누고, 손실(Loss)은 합하라'는 것이다. 기쁨은 고객이 느끼는 긍정적인 감정으로, 이를 여러 단계로 나누어 제공하면 만족도가 배가된다. 예를 들어 15% 할인을 제공할 때, 단순히 15% 할인이라고 하지 말고 회원 할인 5%, 시즌 할인 5%, 첫 구매 할인 5%로 나누어 제시하면 더 큰 만족감을 준다. 반면 고객이 느끼는 불편이나 비용 지불과 같은 손실은 한 번에 처리하는 것이 좋다. 놀이공원에서 입장료, 놀이기구 이용료를 따로 받는 것보다 자유이용권으로 한 번에 결제하도록 하는 것이 바로 이런 이유다.

둘째는 '피크엔드 효과'를 활용하는 것이다. 고객은 전체 경험 중에

서 가장 인상적인 순간(피크)과 마지막 순간(엔드)을 가장 또렷이 기억한
다. 크루즈 여행에서 매일 다른 이벤트를 제공하고, 마지막 날 특별한
송별 파티를 여는 것이 좋은 예다. 이케아가 쇼핑 동선 곳곳에 착한 가
격의 상품을 배치하고 매장 출구에서 아이스크림을 판매하는 것도 같
은 맥락이다.

이러한 원칙들은 다양한 방식으로 적용될 수 있다. 소매업체들은 무
료 샘플을 여러 번에 나누어 제공하고, 여행사들은 여행 일정에서 가
장 인상적인 관광지를 마지막에 배치한다. 또한 제품 패키징을 여러
작은 단위로 나누어 고객이 여러 번의 긍정적 경험을 하도록 유도하는
것도 효과적인 전략이다.

특히 주목할 만한 점은 이러한 쾌락적 편집이 단순한 마케팅 기법을
넘어 고객의 전반적인 경험 가치를 높이는 핵심 전략이라는 것이다.
제품이나 서비스의 본질적 가치는 유지하면서도, 고객이 느끼는 만족
감을 극대화할 수 있다는 점에서 현대 마케팅의 중요한 원리로 자리
잡았다.

쾌락적 편집의 두 가지 원칙(기쁨은 나누고 손실은 합하기, 피크엔드 효과
활용)을 실제 자영업의 비즈니스에 적용하는 방법을 살펴보자.

첫째, 할인 전략을 세분화하여 제공하라. 예를 들어 10%의 할인을
제공할 때는 회원 할인 3%, 시즌 할인 4%, 첫 구매 할인 3% 등으로 나
누어 제시한다. 이는 고객이 여러 번의 할인을 받는다고 느끼게 하여
더 큰 만족감을 준다. 특히 소규모 쇼핑몰의 경우, 정기 회원 할인에

시즌 특별 할인을 더하고, 여기에 첫 구매 축하 할인까지 더하는 방식으로 적용할 수 있다.

둘째, 긍정적 경험과 부정적 경험의 배치를 전략적으로 구성하라. 부정적인 경험(예: 가격 지불, 대기 시간) 후에는 반드시 긍정적인 경험을 배치한다. 요식업의 경우, 계산 후 작은 디저트나 샘플을 제공하고, 미용실에서는 시술 후 헤어 케어 샘플을 증정하는 것이 좋은 예다.

셋째, 제품 패키징과 서비스 제공 방식을 분할하라. 하나의 큰 선물보다 여러 개의 작은 선물로 나누어 제공하고, 서비스도 단계별로 나누어 고객이 여러 번의 긍정적 경험을 하도록 유도한다. 예를 들면, 카페 음료 제공과 함께 작은 쿠키를 따로 제공하고, 의류 매장에서는 구매한 옷과 함께 스타일링 가이드를 별도로 증정한다.

넷째, 여행이나 체험 상품의 경우 일정을 전략적으로 구성하라. 가장 인상적인 활동이나 관광지는 여행의 마지막에 배치하여 전체 경험에 대한 긍정적 평가를 높인다. 레스토랑에서는 이 원칙을 적용하여 가장 맛있는 디저트를 마지막에 제공하면 좋다.

다섯째, 고객의 불만을 처리한 후에는 즉각적인 보상을 제공하라. 문제 해결 직후 무료 샘플이나 할인 쿠폰을 제공하여 부정적 경험을 상쇄하고 전반적 만족도를 높인다. 서비스업에서는 불편을 겪은 고객에게 다음 방문 시 사용할 수 있는 스페셜 혜택을 제공하는 것도 효과적이다.

이러한 전략들을 실행할 때는 반드시 고객의 입장에서 경험의 흐름을 점검해야 한다. 각각의 접점에서 고객이 느끼는 감정을 세심하게 고려하고, 긍정적 경험은 더욱 강화하되 부정적 경험은 최소화하거나 빠르게 상쇄할 수 있도록 설계해야 한다.

고수의 체크포인트

- 우리 매장의 긍정적 경험들은 충분히 나누어져 있는가?
- 고객이 우리 매장을 떠나는 마지막 순간의 경험을 특별하게 만들고 있는가?

중간 상품이
잘 팔리는 이유가 있다

자주 가는 식당에서 세트 메뉴를 주문했다. 메뉴판을 살펴보니 2인 세트는 40,000원, 3인 세트는 65,000원, 그리고 4인 세트는 90,000원이 었다. 우리는 세 명이었는데, 2인 세트는 양이 부족할 것 같고 4인 세 트는 가격도 높고 너무 많아 보였다. 자연스럽게 3인 세트를 선택했는데, 먹고 나서 생각해보니 적당한 양과 가격이라는 느낌이 들었다.

얼마 후 아내의 생일 선물을 준비하면서도 비슷한 경험을 했다. 단 골 꽃집에서 20,000원짜리 소형 꽃다발, 35,000원짜리 중형 꽃다발, 그 리고 60,000원짜리 고급 꽃다발을 추천받았다. 소형은 너무 간소해 보 였고, 고급 꽃다발은 예쁘긴 했지만 부담스러웠다. 그래서 적당히 크 고 가격도 합리적이라고 느낀 중형 꽃다발을 선택했다.

심리적으로 사람들은 단독적으로 판단할 때보다 비교 대상이 있을

226

때 선택에 더 확신을 갖는다. 이는 '인지적 편안함'을 제공하기 때문이다. 예를 들어, 단순히 하나의 상품만 있는 경우 고객은 해당 상품의 적정성을 판단하기 어려워한다. 그러나 다른 상품이 추가되면 가성비가 높은 상품이 명확히 드러나게 되고 고객은 이 선택을 더 합리적이라 느끼게 된다. 이러한 경험들을 통해 깨달은 것이 있다. 고객의 선택이 단순히 본능적이라기보다는 사업자들이 고객이 원하는 방향으로 자연스럽게 유도할 수 있도록 미리 준비한 설계 덕분이라는 점이다.

그렇다면 선택설계의 구체적인 방법을 살펴보자. 고객이 상품을 선택할 때는 대부분 비교를 통한 인지적 판단을 하게 되는데, 이를 활용하는 대표적 마케팅 기법으로 타협효과와 비교효과가 있다. 타협효과는 고객이 극단적 선택을 피하고 중간 옵션을 선호하는 심리를 활용한다. 예를 들어 음식점에서 4만 원, 6만 원, 8만 원의 코스 요리를 제시하면 대부분의 고객은 중간인 6만 원 코스를 선택한다. 고객이 자신의 선택을 '적당하다'고 정당화하기 쉽기 때문이다.

반면 비교효과는 미끼효과라고도 부른다. 의도적으로 비교 대상을 설정해 고객의 선택을 유도하는 방법이어서 붙여진 이름이다. 카페의 음료 사이즈 전략은 이러한 비교효과의 대표적인 사례다. 스몰 사이즈 (350㎖)는 4,000원, 미디엄 사이즈(450㎖)는 5,000원, 라지 사이즈(610㎖)는 5,500원으로 책정할 때, 미디엄 사이즈는 스몰보다 1,000원 비싸지만 라지보다는 500원만 싸다. 이때 미디엄 사이즈는 라지 사이즈를 선택하게 만드는 '들러리' 역할을 하게 된다. 고객은 "500원만 더 내면 160㎖나 더 많은 양을 마실 수 있다"고 생각하게 되는 것이다.

미용실의 가격 책정을 예로 들면, 커트 가격이 2만 원이고 매직 시술 가격이 8만 원일 때 '커트+매직' 세트를 8만 원에 제시할 경우, 고객은 '매직 시술만을 위해 추가로 6만 원을 내면 된다'고 생각하게 된다. 이는 고객이 단순히 매직 시술만 받으려 할 때의 일반 가격인 8만 원보다 저렴하게 느껴져 세트 상품 구매를 유도하는 효과가 있다.

스탠퍼드대 경영대학원의 이타마 시몬슨(Itamar Simonson) 교수의 연구에 따르면 이러한 효과들은 서로 보완적으로 작용한다. 예를 들어 식당에서 런치 메뉴를 8,000원, 12,000원, 25,000원으로 구성하면 12,000원 메뉴는 타협효과로 선택되기 쉽고 25,000원 메뉴는 비교효과로 12,000원 메뉴의 가치를 더욱 돋보이게 만든다. 이처럼 두 효과를 적절히 활용하면 고객의 선택을 자연스럽게 유도하면서도 만족도를 높일 수 있다.

매장에서 타협효과와 비교효과를 활용하기 위한 구체적 실천 방안은 다음과 같다.

첫째, 상품 구성을 전략적으로 설계한다. 세 가지 가격 옵션을 제시하되, 중간 옵션이 가장 매력적으로 보이도록 설정한다. 가격과 품질 면에서 각 옵션은 명확한 차이를 보여야 하며, 중간 옵션에 '가장 많이 선택되는 상품' 같은 표시를 추가하면 효과적이다.

둘째, 고객과의 대화법을 전략적으로 활용한다. "어떤 용도로 사용하실지 알려주시면 가장 적합한 상품을 추천드릴게요"와 같이 고객의 니즈를 먼저 파악한다. 그 후 "이 상품이 가장 많이 선택되는 이유는 품질과 가격의 균형이 좋아서입니다"라고 중간 옵션의 가치를 설명하거나, "이 상품은 저렴하지만, 조금만 더 투자하시면 이 상품이 훨씬 만족스러우실 거예요"와 같이 비교를 통해 선택을 유도한다.

셋째, 시각적 요소를 효과적으로 활용한다. 메뉴판이나 상품 진열 시 중간 옵션을 눈에 띄게 배치하고, 가격표에 '베스트셀러'나 '추천' 등의 표시를 추가해 고객의 시선을 자연스럽게 유도한다.

넷째, 매장의 판매 데이터를 분석해 어떤 옵션이 가장 많이 선택되는지 확인하고, 이를 바탕으로 상품 구성과 가격 전략을 지속적으로 개선한다. 브랜드명이 노출되면 타협효과가 감소할 수 있으므로, 제품 자체의 특성과 가치에 초점을 맞추는 것이 중요하다.

이러한 전략들은 고객에게 선택의 부담을 덜어주면서도 매출을 높이는 데 효과적이다. 타협효과와 비교효과는 단순한 이론이 아니라 고객의 심리를 이해하고 활용하는 실질적 마케팅 도구다. 자영업자는 이를 활용해 상품 구성과 가격 전략을 수립하고, 고객과의 대화에서도 이를 자연스럽게 적용할 수 있어야 한다.

> **고수의 체크포인트**
>
> - 우리 매장의 상품별 판매 데이터를 분석하여 타협효과가 잘 작동하고 있는지 점검하고 있는가?
> - 직원들이 고객과의 대화에서 비교효과를 자연스럽게 활용하고 있는가?

말을 살짝 바꾸면
매출은 껑충 뛴다

점심 후에 자주 들르던 노점 카페가 있었다. 커피값이 저렴하고 줄서서 오래 기다릴 필요가 없다는 장점 때문에 직장인들로 붐비는 곳이었다. 쿠폰 도장을 10개 찍으면 무료 커피도 주었다. 한번은 젊은 사장님에게 장난스럽게 말을 걸었다.

"500원짜리 녹차에 얼음과 용기 값만 더하면 원가겠네요?"

"맞아요, 그런데 경쟁이 심해서 크게 벌지는 못해요."

"쿠폰 10개를 채워오는 사람이 많나요?"

"하루에 한두 명도 안 돼요."

나는 아이디어를 냈다. "첫 주문 시 도장을 세 개 찍어주는 건 어때요?"

사장님은 흥미로운 표정을 지으며 고개를 끄덕였고, 나는 한 가지 더 덧붙였다. "그냥 찍어주면 티 날 테니, '사장님 안 계실 때 두 개 더 찍어드릴게요'라고 하세요." 그 후로 그 노점은 훨씬 많은 고객들로 붐볐다. 10개의 도장을 채워 무료 커피를 받는 고객이 하루 10명을 넘어서며 그 덕택에 나는 녹차라떼를 매일 무료로 얻어 마셨다. 사장님이 한사코 돈을 받지 않아서였다.

사실 자영업에서 가장 어려운 것이 바로 사람을 대하는 일이다. 어쩌면 사람의 마음을 움직이는 데 정답은 없을지 모른다. 하지만 이처럼 마케팅이나 고객과의 대화에서 어떤 방식으로 접근하느냐는 매출에 상당한 영향을 미친다. 작은 말 한마디, 작은 아이디어 하나가 고객의 마음을 움직이고 매출을 크게 높일 수 있다는 사실을 이 경험을 통해 알게 된 것이다.

이러한 작은 변화가 큰 효과를 발휘하는 이유는 바로 '프레이밍 효과' 때문이라고 할 수 있다. 프레이밍 효과란 같은 내용이라도 표현하는 방식에 따라 상대방의 판단과 선택이 달라질 수 있다는 심리학적 현상이다. 대니얼 카너먼과 아모스 트버스키의 연구에 따르면, 사람들은 정보가 긍정적으로 표현되었을 때와 부정적으로 표현되었을 때 서로 다른 반응을 보인다.

이는 의료 현장에서도 입증된 바 있다. 같은 수술의 결과를 "90%의 환자가 생존했다"고 표현했을 때와 "10%의 환자가 사망했다"고 표현했을 때, 환자들의 수술 결정이 크게 달라졌다. 이처럼 프레임을 바꾸면 의사결정이 달라진다.

더 흥미로운 것은 앞서 노점카페 사례의 '목표 근접 효과'다. 사람들은 목표에 가까워질수록 더 많은 노력을 기울이는 경향이 있다. 이는 내가 제안했던 '첫 주문 시 도장 세 개 찍기' 전략의 심리학적 근거가 된다. 이러한 효과는 조지프 눈스(Joseph Nunes)의 세차장 실험에서도 입증되었다. 세차장 고객 300명에게 두 종류의 카드를 나눠주었는데, 하나는 빈칸 8곳을 모두 채워야 하는 카드였고, 다른 하나는 칸이 10개지만 이미 2칸은 스탬프가 찍혀 있는 상태였다. 두 카드 모두 8칸을 채우는 것이었지만, 8칸짜리 고객은 19%가, 10칸짜리 고객은 34%가 무료 세차권을 얻어갔다.

자영업 현장에서도 이러한 프레이밍 효과는 다양하게 활용될 수 있다. 예를 들어, '5개를 사면 20% 할인'보다는 '4개를 사면 1개 무료'라고 표현할 때 고객들의 반응이 더 긍정적이다. 또한 '월 30,000원'이라는 표현보다 '하루 1,000원'이라고 하면 고객들이 가격 부담을 덜 느낀다. 식당에서도 '육류 함량 90%'라고 표현하는 것이 '지방 함량 10%'라고 하는 것보다 효과적이며, '매장 이용 고객 95%가 만족'이라는 표현이 '불만족 고객 5%'라는 표현보다 긍정적인 이미지를 준다. 이처럼 같은 내용이라도 어떻게 표현하느냐에 따라 고객의 선택이 크게 달라질 수 있다.

앞서 살펴본 노점 카페의 쿠폰 전략이나 세차장 실험의 사례처럼, 프레이밍 효과는 실제 매장 운영에서 매우 유용하게 활용될 수 있다. 이를 효과적으로 활용하기 위한 구체적 실천 방안은 다음과 같다.

첫째, 구체적 수치를 활용하라. 단순히 "대부분의 고객이 만족했습니다"라고 하기보다는 "95%의 고객이 만족했습니다"처럼 신뢰를 줄 수 있는 구체적인 데이터를 제시하는 것이 효과적이다.

둘째, 고객의 이익을 부각할 때에는 긍정적인 언어를 선택하라. '손해' 대신 '혜택', '절감'과 같은 단어를 사용하고, '5개 구매 시 20% 할인' 대신 '4개 구매 시 1개 무료'와 같이 긍정적인 프레임으로 표현한다.

셋째, 고객의 행동을 유도할 때는 구체적인 혜택과 긍정적인 결과를 생생하게 보여주는 사례를 제시한다. '월 30,000원'보다는 '하루 1,000원'처럼 고객이 부담을 덜 느끼는 방식으로 표현한다.

넷째, 쿠폰이나 멤버십 카드를 디자인할 때는 고객이 목표 달성에 대한 동기를 느낄 수 있도록 한다. 처음부터 일정 부분을 채워주거나, 달성했을 때의 혜택을 구체적으로 제시하는 것이 효과적이다.

결국 프레이밍 효과는 단순한 말 바꾸기가 아니라 고객의 심리를 이해하고 그들의 선택을 긍정적인 방향으로 이끄는 전략적 도구라고 할 수 있다. '말 한마디로 천 냥 빚을 갚는다'는 속담처럼, 같은 내용이라도 어떻게 전달하느냐에 따라 고객의 반응이 크게 달라질 수 있다.

고수의 체크포인트

– 매장의 가격과 할인 정책을 고객 입장에서 매력적으로 느낄 수 있게 표현하고 있는가?
– 고객과의 대화에서 우리 상품이나 서비스의 부정적인 표현을 긍정적인 표현으로 바꾸고 있는가?

받은 만큼 갚고 싶은 게
사람 마음

지역에서 소문난 펫숍을 운영하는 김 사장님의 사례는 20년 차 마케팅 전문가인 나에게도 새로운 배움의 기회를 주었다. 다른 펫숍들의 매출이 감소하는 상황에서도 꾸준한 성장을 보이는 비결이 무엇인지 물었더니 김 사장님은 의외로 간단해 보이는 방법을 들려주었다.

"저희는 고객님께 늘 이렇게 여쭤봅니다. '저희 가게는 처음이신가요?'라고요. 실은 답변이 어떻든 상관없어요. 처음 오신 분이라면 '환영합니다! 처음 방문하신 분들께 드리는 작은 선물이 있습니다.'라며 반려동물 간식 샘플을 드립니다. 재방문 고객이라면 '다시 찾아주셔서 감사합니다! 단골고객님을 위한 특별 선물을 준비했습니다.'라며 할인 쿠폰을 드리죠."

이러한 인사 방법을 도입한 후 놀라운 변화가 일어났다. 처음엔 작은 선물에 웃음 짓던 고객들이 어느새 단골이 되어 있었다. 이는 단순한 마케팅 전략이 아닌, 인간의 근본적인 심리를 제대로 활용한 것이다. 누군가에게 선물이나 호의를 받으면 그것을 갚고 싶은 마음이 자연스럽게 생기기 마련이기 때문이다. 이는 부정적인 의미의 '빚'이 아닌, 따뜻한 감사함에서 비롯된 자발적인 마음이었다. 그렇게 입소문을 타고 새로운 고객들이 꾸준히 늘어났고, 펫숍은 더욱 크게 성장할 수 있었다.

심리학자 로버트 치알디니는 이러한 인간의 마음을 '상호성의 법칙'으로 설명했다. 사람들은 받은 호의에 보답하려는 기본적 심리가 있다는 것이다. 이는 마케팅 분야에서 강력한 설득 도구로 꾸준히 활용되어 왔다.

대표적인 연구로 레스토랑에서 진행된 '사탕 실험'이 있다. 계산서와 함께 사탕 1개를 제공했을 때 팁이 3.3% 증가했고, 2개를 제공했을 때는 14.1% 증가했다. 가장 주목할 만한 결과는 1개를 주고 잠시 후 "특별히 더 드립니다."라며 1개를 추가로 제공했을 때였다. 이 경우 팁이 23%나 증가했다. 이는 예상치 못한 추가 호의가 더 큰 보답으로 이어진다는 것을 잘 보여주고 있다.

시식 코너의 효과를 분석한 연구에서는 더 놀라운 결과가 나왔다. 치즈 시식을 제공한 매장에서 해당 제품의 매출이 600% 이상 증가했고, 과일잼 시식 매장에서는 30% 이상의 매출 상승이 있었다. 단순한 맛보기를 넘어 고객과 판매자 간의 심리적 연결이 형성되었기 때문이다.

상호성은 단순한 물질적 혜택을 넘어 다양한 형태로 발현될 수 있다. 고객의 특별한 날을 기억하고 축하 메시지를 보내거나, 업종 특성에 맞는 전문적인 조언을 제공하는 것도 효과적이다. 특히 고객이 겪는 어려움을 진심으로 경청하고 해결방안을 제시하거나, 고객의 비즈니스에 도움이 될 만한 인맥을 소개하는 등의 실질적인 도움을 제공하면 더욱 강력한 상호성이 형성된다.

하지만 상호성의 효과는 시간에 따라 변화한다는 점도 유의하기 바란다. 도움을 받은 사람은 처음에는 큰 고마움을 느끼지만 시간이 지날수록 그 감정이 옅어진다는 것이다. 반면 도움을 준 사람은 시간이 지날수록 자신의 호의를 더 크게 평가하는 경향이 있다. 따라서 호의를 베푼 직후, 즉 고객의 감사함이 최고조에 달했을 때가 요청이나 제안을 하기에 가장 적절한 시점이라 볼 수 있다.

자영업자가 이러한 상호성의 법칙을 활용할 때는 매장의 특성에 맞는 구체적 전략이 필요하다. 식당이라면 "오늘은 주방장이 직접 시장에서 고른 제철 식재료로 만든 특별 메뉴를 준비했어요."라며 약간의 시식을 제공하고, 미용실이라면 "제가 특별히 공부한 새로운 마사지 테크닉을 선보여 드릴게요."라고 제안할 수 있다.

고객과의 첫 대화도 중요하다. "무엇을 도와드릴까요?"라는 식상한 인사 대신 "저희 매장은 처음이신가요?"라고 물어본 후 답변에 상관없이 개인적인 스토리를 담은 선물을 준비하자. 청과물 가게라면 "이 사과는 제가 직접 농장에 가서 엄선한 것입니다. 고객님께 맛보여드리고 싶어서 준비했어요."라는 식이다.

호의를 제공할 때는 타이밍이 중요하다. 정육점이라면 "방금 들어온 최상급 한우인데, 고객님께 가장 먼저 추천해드리고 싶었어요."라며 즉각적인 가치를 전달하고, 카페라면 "오늘 아침에 직접 만든 수제 쿠키인데, 따뜻할 때 맛보시면 좋을 것 같아서요."라며 시의성을 강조하자.

특히 고객에게 선물이나 서비스를 제공할 때는 돈으로 환산할 수 없는 정성과 스토리를 담아야 한다. 빵집에서 "이 레시피는 제가 프랑스 연수 시절 특별히 배운 것입니다."라고 하거나, 옷가게에서 "이 스타일은 제가 고객님 체형을 고려해서 특별히 골라본 것입니다."라는 식으로 개인화된 이야기를 더하면 효과가 배가된다. 이런 호의는 반드시 즉각적인 구매 요청과 연결하지 말고, 고객이 감동을 충분히 느낄 수 있도록 여유를 두고 자연스럽게 제공하는 것이 핵심이다.

결국 상호성의 법칙을 활용한 마케팅은 단순한 판촉 활동이 아닌, 고객과의 진정한 관계 형성을 위한 전략으로 볼 수 있다. 특히 정성이 담긴 스토리텔링과 개인화된 호의는 고객의 마음속에 특별한 감동을 만들어내고, 이는 자연스럽게 재방문과 구매로 이어진다. 중요한 것은 호의를 제공하는 적절한 타이밍과 진정성이다. 형식적인 서비스가 아닌, 매장과 상품의 특성을 살린 진심 어린 호의를 베풀 때 상호성의 법칙은 가장 큰 효과를 발휘한다.

매출을 끌어올리는
작은 질문의 마법

"메뉴가 너무 많은 거 아니야?"라는 조언을 자주 들었던 한 와플 가게의 이야기다. 사장님은 혼자 결정하지 않고 고객들에게 직접 물어보기로 했다. 와플을 선물하며 간단한 설문조사를 시작했다.

첫 번째 질문은 "저희가 유기농 식자재 등 좋은 재료를 사용하는 거 알고 계셨나요?"였다. 놀랍게도 매장에 자주 방문하는 단골손님들조차 대부분 알지 못했다. 두 번째 질문은 "저희 매장에 왜 오시는지 여쭤봐도 될까요?"였다. 답변은 더욱 놀라웠다. 고객들은 "메뉴가 다양해서 온다"고 대답했다.

"고객의 소리는 단순한 피드백이 아닌 당신 매장의 나침반입니다. 주문을 받을 때나 계산할 때 반드시 고객의 의견을 물어보세요. 간단한 질문만으로도 고객은 자신의 의견이 중요하게 여겨진다고 느낍니다." 나는 컨설턴트로서 이렇게 조언한다.

실제로 한 카페에서는 내 조언대로 주문 시 고객에게 "오늘 메뉴는 어떠셨나요?"라고 물어보는 것만으로도 재방문율이 크게 상승했다. 이는 '단순 측정 효과'라 불리는 현상으로, 고객의 의견을 묻는 행위 자체가 긍정적 변화를 이끌어내는 것이다.

와플 가게 사장님은 한 달간 꾸준히 설문을 진행했다. 처음에는 단순한 만족도 조사였지만, 점차 고객들이 가게에 대해 상세한 의견을 들려주기 시작했다. 이 과정에서 두 가지 중요한 사실을 발견했다. 첫째, 유기농 재료를 사용한다는 점을 메뉴판에만 작게 표기해두었는데, 대부분의 고객이 이를 인지하지 못하고 있었다. 둘째, 처음에는 너무 많은 메뉴가 고객들을 혼란스럽게 할까 걱정했지만, 오히려 다양한 선택지가 있다는 점이 고객들의 큰 호응을 얻고 있었다.

이는 송나라의 한 술도가 이야기를 떠올리게 한다. 술맛도 좋고 손님에게도 친절했지만, 장사가 잘 안되어 고민하던 주인이 있었다. 그는 선사를 찾아가 조언을 구했고, 그제야 사나운 개 때문에 손님들이 가게에 들어오지 못했다는 사실을 알게 되었다. 이것이 바로 '개가 사나우면 술이 쉰다'는 구맹주산(狗猛酒酸)의 교훈이다. 그녀는 고객에게 직접 물어보지 않았다면, 그녀 가게의 장점을 오히려 단점으로 오해한 채 개악을 시도했을 것이다.

앞서 이야기한 와플 가게와 구맹주산의 사례는 고객의 소리(VOC)가 얼마나 중요한지를 잘 보여준다. 그런데 여기서 한 걸음 더 나아가, 고객의 소리를 수집하는 과정 자체에서도 흥미로운 현상이 발견된다. 행동경제학에서는 이를 '단순 측정 효과(Simply Measuring Effect)'라 부른다.

연구에 따르면, 사람들은 자신의 행동이나 의도에 대해 질문을 받았을 때 그 답변에 맞춰 행동하려는 경향이 있다. 예를 들어 "다음 주에 몇 번이나 치실을 사용하시겠습니까?"라는 질문을 받은 사람들은 실제로 치실 사용 빈도가 증가했고, "다음 주에 기름진 음식을 얼마나 드실 예정인가요?"라고 물었을 때는 기름진 음식의 섭취가 감소했다.

더욱 주목할 만한 점은 고객의 의견을 수용하고 변화하는 모습을 보여줄 때 나타나는 효과다. 고객은 자신의 의견이 실제로 반영되는 것을 볼 때 존중받는다고 느끼며, 이는 자연스럽게 고객 충성도로 이어진다. 단순히 의견을 묻는 것을 넘어, 그것을 실천하고 개선하는 모습을 보여주는 것이 진정한 고객관리의 핵심이다.

이러한 단순 측정 효과와 고객 충성도 향상은 자영업 현장에서 즉시 활용할 수 있다. "다음에도 방문하실 거죠?", "이번 주에 새로 나온 신메뉴를 드셔보실 계획인가요?"와 같은 간단한 질문과 그에 따른 개선 노력은 고객의 재방문율과 메뉴 선택에 긍정적인 영향을 미친다.

고객의 소리(VOC)를 효과적으로 활용하기 위한 실천 전략을 살펴보자.

첫째, 고객의 소리를 듣는 채널을 다양화하라. 그녀가 와플을 선물하며 진행했던 것처럼 설문조사를 실시할 수도 있고, 매장 내 의견함을 설치하거나 SNS를 통해 의견을 수집할 수도 있다.

둘째, 예상하지 못한 답변에 주목하라. 우리는 '메뉴가 많다'는 것이 단점이라 생각했지만, 고객들은 오히려 장점으로 여기고 있었다. '구맹주산'의 술도가 주인처럼 원인을 제대로 파악하지 못하면 잘못된 해결책을 찾을 수 있다.

셋째, 단순 측정 효과를 활용하라. "다음에도 방문해주실 거죠?"와 같은 간단한 질문으로도 재방문을 유도할 수 있다. 이때 중요한 것은 질문이 자연스러워야 하며, 고객이 부담을 느끼지 않아야 한다는 점이다.

넷째, 수집된 의견을 반드시 실천하고 그 변화를 알려라. 고객의 의견이 실제로 반영되었다는 것을 보여줄 때 더욱 신뢰가 쌓인다.

자영업의 성패는 결국 고객의 목소리를 얼마나 잘 듣고 반영하느냐에 달려 있다고 해도 과언이 아니다. 특히 단순 측정 효과를 잘 활용한다면, 고객만족도 조사 자체가 하나의 마케팅 도구가 될 수 있다.

고수의 체크포인트

- 단순 측정 효과를 염두에 두고 "다음에 또 오실 거죠?", "신메뉴는 어떠세요?" 등의 질문을 일상적으로 하고 있는가?
- VOC 수집 후 개선된 사항을 고객들에게 효과적으로 알리고 있는가?

노쇼를 잡는
말 한마디의 마법

한국미용장협회에 정기적으로 강의를 다닌 적이 있다. 어느 날 원장님들과 대화를 나누던 중, "가장 큰 고민이 무엇이냐"고 물었더니 대다수가 '노쇼(no show)' 문제를 언급했다. 나는 처음에 "예약금을 미리 받으면 문제가 해결되지 않겠느냐"고 단순하게 얘기했지만, 사정을 들어보니 현실은 그리 간단하지 않았다.

원장님들은 예약금 제도의 현실적인 어려움을 토로했다. 고객 불편, 환불 갈등, 시스템 구축 비용 등 여러 문제가 있었다. 한 원장님은 "예약금 제도를 시행하더라도 환불 규정을 명확히 설명하고, 시술 전 충분한 상담을 통해 가격을 미리 고지하는 것이 중요하다"고 강조했다. 다른 원장님은 "예약금을 받으면 고객 이탈 가능성도 있어 도입이 쉽지 않다"고 말했다.

이러한 대화를 통해 나는 노쇼가 미용업계의 심각한 경영 위협 요소임을 실감했다. '노쇼'란 사전 예약을 하고도 연락 없이 나타나지 않는 것을 의미하는데, 이는 해당 시간대의 매출 손실뿐만 아니라 다른 고객의 예약 기회까지 빼앗는 결과를 초래한다. 실제로 미용실의 하루 평균 노쇼 비중은 19.2%에 달했으며, 예약 손님 중 절반 이상이 노쇼라고 답한 곳도 5.1%나 되었다. 특히 1인 미용실의 경우 하루 예약 손님의 90% 이상이 불량 예약 고객이라고 답한 곳도 있어 그 심각성이 매우 컸다.

이는 비단 미용업계만의 문제가 아니다. 식당, 호텔, 기차 예약 등 서비스업 전반에 걸쳐 발생하는 노쇼로 인해 외식업계는 하루 평균 16만 원, 연간 약 5,913만 원의 손실이 발생하고 있다. 호텔과 항공업계도 예약 취소로 인한 운영 효율 저하와 매출 감소를 겪고 있으며, 공연이나 기차 예약의 경우 다른 고객의 이용 기회까지 박탈하는 등 중대한 문제로 대두되고 있다.

따라서 노쇼 방지를 위한 정부의 노력도 다각도로 이뤄지고 있기도 하다. 공정거래위원회는 미용업에서 노쇼 발생 시 총 계약 대금의 10%를 위약금으로 청구할 수 있도록 규정했으며, 소상공인을 위한 간편 결제 플랫폼도 제공하고 있다. 한편으로 미용실 자체적으로도 다양한 노력을 기울여야 한다. 예약금 제도를 도입하되 환불 규정을 명확히 제시하여 고객 불만을 최소화하고, 예약 변경 가능 시간을 확대하거나 특정 시간대 할인 등을 도입해 고객 편의성을 높여야 한다. 또한 리마인더 서비스를 통해 예약 전날이나 당일에 확인 문자를 보내 고객이 잊지 않도록 돕는 것도 중요하다.

하지만 내가 여기서 가장 알려주고 싶은 것은 심리학적 접근법이다. 영국의 강연자이자 컨설턴트인 스티브 마틴(Steve J. Martin)의 연구에 따르면, 예약 내용을 고객이 직접 메모하게 했을 때 예약 부도율이 18%나 감소했다. 예를 들어 "고객님, 다음 주 월요일 오전 10시 예약을 종이에 메모해주시겠어요?"라고 요청하는 것만으로도 큰 효과를 볼 수 있다.

더욱 놀라운 것은 다른 사람의 일반적인 행동을 따라 하게 만드는 '사회적 규범'을 활용한 대화법이다. "저희 미용실 고객님들은 대부분 예약 시간을 잘 지켜주세요. 고객님도 잘 지켜주실 수 있으시죠?"라는 간단한 말 한마디를 덧붙이자 예약 부도율이 31.7%나 감소했다. 이는 단순히 예약을 확인하는 것보다 고객의 사회적 책임감을 자극하는 것이 더 효과적임을 보여준다.

특히 주목할 만한 것은 구체적인 질문을 통해 고객의 직접적인 대답을 유도하는 방식이다. "다음 주 월요일 오전 10시로 예약을 도와드렸습니다. 혹시 일정 변경이 필요하시다면 하루 전에 알려줄 수 있으실까요?"와 같은 구체적인 질문은 단순한 안내와는 달리, 고객으로부터 "네, 그렇게 하겠습니다"라는 명확한 답변을 이끌어낸다. 이러한 직접적인 약속은 고객의 책임감을 크게 높이는 효과가 있다.

앞서 살펴본 스티브 마틴의 연구 결과와 미용실의 현장 경험을 바탕으로, 효과적인 노쇼 방지를 위한 실천 방안을 제시하면 다음과 같다.

첫째, 예약금과 환불 규정을 명확히 하되, 고객 친화적으로 설명하라. "예약금은 시술비의 10%이며, 24시간 전 취소 시 전액 환불해드립니다"와 같이 구체적이고 투명한 안내가 필요하다. 이는 앞서 언급한 원장님들의 사례에서 보듯 고객과의 불필요한 갈등을 예방할 수 있다.

둘째, 고객 데이터를 체계적으로 관리하라. 예약 이력을 분석하여 노쇼 가능성이 높은 고객은 따로 관리하고, 반대로 예약을 잘 지키는 단골고객에게는 할인이나 쿠폰 등의 혜택을 제공하라.

셋째, 리마인더 메시지(reminder message: 예약 확인 및 상기 메시지)를 보낼 때는 단순 안내를 넘어 심리학적 접근을 활용하라. "내일 오전 10시 예약을 확인해드립니다. 준비를 위해 충분한 시간이 필요한데, 혹시 일정 변경이 필요하신가요?"와 같이 구체적인 답변을 유도하는 것이 효과적이다.

마지막으로, 사회적 규범을 활용한 대화 기법을 실천하라. "저희 미용실은 예약을 잘 지키시는 고객님이 많으십니다"와 같은 표현으로 고객의 책임감을 자연스럽게 높일 수 있다. 이러한 심리학적 접근은 강제성 없이도 노쇼 비율을 크게 낮출 수 있는 효과적인 방법이다.

노쇼는 더 이상 개별 자영업자의 문제가 아닌 서비스 산업 전반의 과제다. 하지만 단순한 제도나 규제만으로는 해결이 어렵다. 예약금이나 위약금과 같은 강제적 수단보다는 고객의 자발적 책임감을 높이는 심리학적 접근이 더욱 효과적이며, 이는 장기적으로 건강한 예약 문화를 만드는 첫걸음이 될 것이다.

매출을 두 배로 키우는
클로징의 비법

몇 년 전, 국내 유명 제과점의 프랜차이즈 사장님만을 대상으로 전국 순회 교육을 진행하며 여러 매장을 둘러본 적이 있다. 당시 나는 매장 직원들이 구매를 촉진하기 위해 어떻게 행동하는지를 관찰하며, 그들의 판매 방식을 분석했다. 그중 내 눈길을 사로잡은 매장이 하나 있었다. 진열대 앞에서 망설이는 고객을 발견한 직원이 자연스럽게 다가가 "새콤달콤한 것을 좋아하시면 파인애플 샌드위치를 드시고, 담백한 것을 좋아하시면 연어 샌드위치를 드셔보세요"라고 말했다. 이 말 한마디로 고객의 고민이 '무엇을 살까'로 바뀌었다. 이 직원은 구매를 기정사실화하며 자연스럽게 권유하는 방식을 택한 것이다.

자영업의 생존을 좌우하는 것은 고객과의 마지막 순간, 구매 결정을 이끌어내는 능력이다. 소상공인과 자영업자는 고객과의 대면 접촉이

빈번하기 때문에 적절한 구매 촉진 활동이 사업의 성패를 좌우할 수 있다. 구매 촉진이 중요한 이유는 크게 두 가지다. 첫째, 매출 증대의 핵심 수단이다. 한 명의 고객이 만들어내는 매출이 전체 수익에 큰 영향을 미치는 자영업의 특성상, 효과적 구매 촉진은 안정적 수익 창출의 기반이 된다. 둘째, 고객 신뢰 구축과 재방문 유도의 기회다. 고객이 망설이는 순간에 적절한 도움을 제공하면 전문성과 신뢰를 인정받을 수 있고, 이는 자연스럽게 단골고객 확보로 이어질 수 있다. 따라서 구매촉진의 마지막 단계인 '클로징'은 매우 중요하다.

아무리 좋은 제품과 뛰어난 마케팅이 있더라도, 결국 매장에서 고객의 구매로 이어지지 않으면 모든 노력이 허사가 되기 때문이다. 세일즈 전문가들은 이를 '99도의 법칙'이라고 부른다. 물이 99도까지 달궈져도 끓지 않듯이, 고객의 관심이 최고조에 이르렀을 때 마지막 1도를 올리는 클로징 기술이 결정적이라는 것이다.

고객과의 첫 만남부터 최종 구매까지는 'ABC 종결(Always Be Closing)'이라는 원칙이 적용된다. 판매 과정의 모든 단계에서 구매 결정을 유도해야 한다는 의미다. 낚시에서 찌가 흔들릴 때를 놓치지 않듯이, 고객의 작은 구매 신호도 놓치지 않아야 한다.

클로징의 기본 단계는 다음과 같다. 첫째, 니즈 파악이다. 고객이 실제로 원하는 것이 무엇인지 정확히 이해해야 한다. 둘째, 선택의 폭을 좁히는 것이다. "새콤달콤한 것과 담백한 것 중 어떤 맛을 선호하시나요?"와 같이 구체적인 선택지를 제시한다. 셋째, 체험 기회를 제공한다. 고객이 제품을 직접 경험하게 함으로써 구매 욕구를 높인다. 마지막으로 구매 확신 단계다. 고객의 선택이 최선임을 확인시켜준다.

예를 들어 카페에서는 "따뜻한 음료를 찾으시나요?"(니즈 파악) → "아메리카노와 카페라테 중 어떤 것이 좋으세요?"(선택 제시) → "한 모금 맛보시겠어요?"(체험 제공) → "홈메이드 쿠키와 함께 드시면 더 맛있게 즐기실 수 있습니다"(구매 확신) 식으로 진행된다.

클로징을 위한 실천적 사항과 핵심 체크포인트는 다음과 같다.

첫째, 체험을 통한 구매 확신을 심어주라. 화장품 매장이라면 "이 제품을 손등에 발라보시면 촉촉함을 바로 느끼실 수 있어요"처럼 즉각적 체험을 유도한다. 고객의 체험 시간이 길어질수록 구매 확률도 그만큼 높아진다. 체험 후에는 "촉촉하시죠? 지금 구매하시면 미니 크림도 함께 드립니다"와 같이 자연스럽게 클로징을 시도한다.

둘째, 맞춤형 추천으로 결정을 돕는다. "이 스타일로 결정하시면 될 것 같은데, 어떠세요?"처럼 긍정적 표현으로 결정을 유도한다. 고객의 상황에 맞춰 "등산하실 때 발목 보호가 중요하죠? 이 등산화는 발목 잡음이 특히 뛰어납니다"처럼 구체적인 혜택을 설명한다.

셋째, 침묵의 기술을 익혀라. 고객이 제품을 살펴보거나 고민할 때는 불필요한 설명을 덧붙이지 말고 잠시 기다려주어라. 이때 고개를 끄덕이거나 미소를 짓는 등 고객의 선택을 지지하는 비언어적 표현을 사용하는 것이 효과적이다.

넷째, 거절에 대비한 대안을 준비하라. "지금은 부담스러우시다면, 다음 달부터 시작되는 할인 행사 때 방문하시는 건 어떠세요?"처럼 고객이 거절하더라도 다음 기회를 만들 수 있는 부드러운 마무리를 준비해두어라. 이는 재방문율을 높이는 데도 도움이 된다.

성공적인 클로징은 단순히 거래를 종료하는 것이 아니라, 고객의 마음을 열고(opening) 자연스럽게 구매로 이어지도록 하는 섬세한 작업이다. 일방적인 클로징은 고객에게 강매나 취향 무시로 받아들여질 수 있으며, 이는 거래 취소나 불만으로 이어질 수 있다. 반면에 고객에게 모든 결정권을 맡기는 것도 바람직하지 않다.

클로징의 핵심은 적절한 타이밍과 분위기를 잡는 것이다. 너무 앞서가면 강매가 되고, 너무 뒤처지면 판매 기회를 놓친다. 결국 클로징은 기회를 놓치지 않고 포착하되, 고객이 스스로 구매를 결정하는 듯한 느낌을 주어야 한다.

고수의 체크포인트

- 오늘의 클로징에서 내가 찾은 타이밍은 언제였나? 너무 서두르지는 않았는지, 고객의 망설임이 클로징의 기회는 아니었는지 매일 체크하라.
- 고객이 편안하게 구매를 결정했던 순간의 대화를 기록하라. 자연스러운 클로징의 비결이 그 속에 담겨 있다.

업종별 자영업 성공 법칙

'매출도 맛처럼 끓어오르는 음식점 성공 법칙'
(한식, 중식, 양식 등)

1. **'시그니처 메뉴' 하나로 식당의 얼굴을 만들어라**
   대표 메뉴의 강한 정체성이 입소문의 폭발력을 만든다.

2. **'맛의 일관성'을 철저히 지켜라**
   변함없는 맛이 단골의 충성도를 높이는 첫 번째 조건이다

3. **식자재 원가를 매일 '체온' 재듯 점검하라**
   철저한 원가 관리가 수익의 체력을 튼튼하게 만든다.

4. **점심과 저녁을 다른 무대처럼 연출하라**
   시간대별 맞춤 전략으로 회전율과 객단가를 동시에 높여라.

5. **'테이블 회전율'의 과학을 익혀라**
   적절한 서빙 타이밍과 정리 시간이 수익률을 결정한다.

6. **매달 한 번은 '메뉴의 신선한 숨결'을 불어넣어라**
   트렌드를 반영한 주기적 메뉴 혁신이 매출 상승의 징검다리가 된다.

7. 단골의 미소를 기록하는 '맛별일기'를 써라

   고객별 취향 기록이 감동 서비스의 보물지도가 된다.

8. '적정 온도'로 음식의 생명력을 지켜라

   음식이 가장 맛있는 온도로 서빙하는 타이밍이 핵심이다.

9. 첫인사와 배웅을 식당의 '시그니처 향기'로 만들어라

   처음과 마지막 순간의 품격이 매장의 평판을 결정한다.

10. 주방과 홀의 '오늘의 호흡' 시간을 가져라

    짧은 소통이 실수를 줄이는 가장 강력한 예방책이다.

11. SNS로 주방의 '맛있는 비하인드'를 들려줘라

    조리 과정과 식재료 이야기로 신뢰의 맛집이 되어라.

12. 리뷰어를 '맛집 홍보대사'로 임명하라

    작은 보상이 충성 고객을 자발적 마케터로 만든다.

13. '피크타임 대기 관리'의 달인이 되어라

    기다리는 시간도 즐거운 경험으로 만들어라

14. 청결을 '보이는 맛'으로 승화시켜라

    눈으로 먼저 맛보는 깔끔함이 재방문을 부른다.

'매출도 커피 향처럼 퍼져나가는 카페 성공 법칙'
〔커피, 음료, 디저트, 브런치 등〕

1. '시그니처 음료'로 카페의 향기를 각인시켜라

독창적인 대표 메뉴가 곧 브랜드의 얼굴이 되어 입소문의 날개를 달아
준다.

2. **공간을 '감성 스토리'로 디자인하라**

   인테리어부터 음악, 조명까지 하나의 이야기로 엮어 고객의 마음을 사로
   잡아라.

3. **원두와 재료의 '정직한 여행'을 들려줘라**

   좋은 재료의 이력을 공개하는 투명함이 신뢰의 기둥이 된다.

4. **'추출 온도와 시간'을 과학적으로 관리하라**

   완벽한 맛을 위한 정확한 레시피가 전문성의 기본이다.

5. **청결을 카페의 '보이지 않는 메뉴'로 만들어라**

   구석구석 깔끔함이 배어 있어야 고객이 안심하고 머문다.

6. **좌석 하나하나를 '작은 아지트'처럼 설계하라**

   편안한 공간 구성이 체류 시간과 객단가를 함께 높인다.

7. **SNS를 '향기로운 소문'의 통로로 활용하라**

   작은 이벤트로 고객을 자발적인 홍보대사로 만들어라.

8. **멤버십으로 '단골의 마음'을 설계하라**

   적립의 즐거움이 재방문의 달콤한 습관이 된다.

9. **'바리스타의 전문성'을 눈으로 보여줘라**

   숙련된 추출 과정이 프리미엄 가치를 만든다.

10. **공간을 '특별한 순간'의 무대로 연출하라**

    데이트와 모임이 자연스럽게 스며드는 분위기를 창출하라.

11. **디저트를 '달콤한 유혹'으로 진화시켜라**

    이곳에서만 맛보는 특별함이 세트 메뉴의 매력을 배가한다.

12. '테이크아웃 포장'을 브랜드로 만들어라

독특한 패키지가 걸어다니는 광고판이 된다.

13. '계절의 리듬'을 메뉴에 담아라

시즌 한정 메뉴로 새로움을 더하고 재방문 욕구를 자극하라.

14. '피크타임 대기'를 즐거운 경험으로 만들어라

효율적인 주문 시스템으로 기다림의 불편함을 최소화하라.

'살롱을 빛나게 하는 뷰티·헬스케어 성공 법칙'
〔미용실, 네일숍, 피부관리실 등〕

1. 고객의 '아름다움 지도'를 그려라

라이프스타일과 고민점을 정확히 파악해야 맞춤형 변신이 시작된다.

2. '트렌드 감각'을 매일 갈고닦아라

최신 스타일과 기법을 연구하는 습관이 전문가의 기본이다.

3. '뷰티 히스토리'를 기록하는 매니저가 되어라

고객별 누적 데이터가 완벽한 맞춤 서비스의 나침반이 된다.

4. 위생을 '보이는 서비스'로 승화시켜라

깔끔한 공간과 철저한 소독이 신뢰의 기초를 다진다.

5. 고객의 '솔직한 목소리'를 경청하라

피드백 한마디가 서비스 혁신의 씨앗이 된다.

6. 전문성을 '따뜻한 대화'로 풀어내라

쉬운 설명이 고객의 마음을 여는 황금 열쇠다.

7. '아름다움의 여정'을 패키지로 디자인하라

구독형 관리로 고객의 변화를 함께 그려나가라.

8. 타깃별 '맞춤 홍보 지도'를 펼쳐라

세분화된 전략이 마케팅 효율의 극대화를 부른다.

9. '예약 시스템'을 과학적으로 운영하라

효율적인 시간 관리가 고객 만족도와 수익을 결정한다.

10. 시설을 '감동의 무대'로 업그레이드하라

최신 장비와 세련된 공간이 프리미엄 가치를 만든다.

11. '감사의 이벤트'로 마음을 채워라

작은 혜택의 정성이 단골의 마음을 사로잡는다.

12. '디지털 변신'으로 서비스를 업그레이드하라

최신 기술을 활용한 맞춤형 분석이 전문성을 높인다.

13. '리터치 서비스'로 완벽함을 추구하라

시술 후 관리까지 책임지는 자세가 평생 고객을 만든다.

'오프라인과 온라인을 넘나드는 판매의 성공 법칙'

[편의점, 의류·잡화점 등]

1. '매장의 스타'를 발굴하고 키워라

베스트셀러 분석으로 진열과 홍보의 황금 공식을 찾아라.

2. '채널별 가격의 미학'을 설계하라

온라인은 할인으로 유입을 늘리고 오프라인은 체험의 가치로 승부하라.

3. '쇼루밍'을 매출로 전환하라

QR코드와 온라인 특전으로 채널 간 경계를 지워라.

4. '황금 동선'으로 구매 욕구를 깨워라

상품 배치의 과학으로 자연스러운 지갑 열기를 유도하라.

5. '고객 데이터'로 맞춤 지도를 그려라

구매 패턴 분석으로 개인별 맞춤 쇼핑 경험을 설계하라.

6. '디지털 무대'에서 브랜드를 춤추게 하라

SNS와 블로그로 매장의 매력을 24시간 발산하라.

7. '리뷰의 나비효과'를 관리하라

긍정 리뷰는 날개를 달아주고, 부정 리뷰는 신속히 보완하라.

8. '단골의 계단'을 쌓아올려라

멤버십 혜택으로 일반 고객을 VIP로 진화시켜라.

9. '쇼핑의 무대'를 극장으로 만들어라

체험과 상담으로 매장을 특별한 경험의 공간으로 연출하라.

10. '디지털 결제'의 모든 창구를 열어라

다양한 결제 수단으로 구매의 문턱을 낮춰라

11. '무조건 책임제'로 신뢰를 쌓아라

편리한 환불·교환 정책으로 구매 불안을 지워라.

12. '빅데이터 분석'으로 미래를 예측하라

구매 트렌드 분석으로 상품 기획의 정확도를 높여라.

'한 번 써본 고객이 단골이 되는 생활 서비스 성공 법칙'

(세탁소, 청소, 인테리어, 배달 대행 등)

1. '첫 만남'을 감동의 순간으로 만들어라

   첫 서비스의 완벽함이 평생 고객의 씨앗이 된다.

2. '전문성의 증거'를 시각화하라

   자격증과 교육 이수 내역을 공개해 신뢰의 기반을 다져라.

3. '비포 & 애프터'의 드라마를 연출하라

   변화의 순간을 시각화하여 서비스의 가치를 각인시켜라.

4. '신속함'을 서비스의 브랜드로 삼아라

   빠른 응대와 약속 이행이 신뢰의 기초를 다진다.

5. '서비스 매뉴얼'을 체계화하라

   일관된 품질 관리로 서비스의 표준을 만들어라.

6. '고객의 소망 노트'를 기록하라

   특별 요청을 기억하는 섬세함이 단골의 마음을 사로잡는다.

7. '단골의 특권'을 설계하라

   차별화된 혜택으로 재방문의 달콤한 이유를 만들어라.

8. '시간의 가치'를 선물하라

   효율적인 예약 시스템으로 고객의 귀중한 시간을 지켜라.

9. '안심 보장'으로 신뢰를 쌓아라

   완벽한 보상 정책이 서비스 선택의 불안을 지워준다.

10. '디지털 소통창구'를 열어라

    모바일 예약과 실시간 진행 상황 공유로 편의성을 높여라.

11. **'동네의 가치'를 이웃과 나누어라**

지역 커뮤니티와의 친근한 소통이 충성 고객을 만든다.

12. **'정기 구독'으로 인연을 이어라**

구독 서비스로 고객과의 관계를 장기적 파트너십으로 발전시켜라.

13. **'감동의 디테일'로 마음을 채워라**

작은 정성이 담긴 서비스가 특별한 기억으로 남는다.

'한 번 온 고객이 평생 회원이 되는 교육·피트니스 성공 법칙'
[학원, 헬스장 등]

1. **'첫 만남'을 운명적 순간으로 만들어라**

첫 상담과 첫 수업의 감동이 평생 회원의 문을 연다.

2. **'전문성의 품격'을 보여줘라**

강사진의 자격과 경력을 투명하게 공개하여 신뢰를 쌓아라.

3. **'꿈의 지도'를 함께 그려라**

구체적인 목표 설정과 달성 과정이 동기부여의 나침반이 된다.

4. **'황금의 4주'를 설계하라**

초기 적응 프로그램으로 회원의 새로운 일상을 디자인하라.

5. **'레벨별 커리큘럼'을 체계화하라**

단계별 성장 경로를 명확히 하여 장기 목표를 제시하라.

6. **'성장의 순간'을 시각화하라**

변화의 그래프가 지속의 원동력이 되게 하라.

7. '인연의 마법'을 일으켜라

   강사와 회원 간의 특별한 신뢰가 재등록의 비밀이다.

8. '맞춤형 코칭'으로 마음을 사로잡아라

   개인별 피드백이 성장의 동반자가 되게 하라.

9. '로열티의 가치'를 보여주어라

   재등록의 특별함을 차별화된 혜택으로 보답하라.

10. '소통의 다리'를 끊임없이 놓아라

    SNS와 메시지로 회원과의 교감을 이어가라.

11. '입소문의 선순환'을 만들어라

    회원의 추천이 자연스러운 확장으로 이어지게 하라.

12. '온 · 오프라인 융합'으로 가치를 더하라

    디지털 콘텐츠와 오프라인 수업의 시너지를 창출하라.

13. '공동체의 힘'을 키워라

    회원 간 소통과 교류의 장을 만들어 함께 성장하는 문화를 조성하라.

14. '성취 인증'을 브랜드화하라

    수료증과 인증서가 자부심이 되는 시스템을 구축하라.

'작게 만들어 크게 성공하는 소규모 제조 성공 법칙'
(공방, 조명, 체중계 등 소규모 제조업체)

1. **'필수품의 철학'으로 제품을 설계하라**

   반드시 필요한 기능과 차별화된 디자인이 시장의 문을 연다.

2. **'소량 생산의 강점'을 극대화하라**

   맞춤형 제작과 빠른 품질 관리로 대기업과 차별화하라.

3. **'시그니처 제품'으로 브랜드를 각인시켜라**

   대표 상품 하나의 완성도가 기업의 미래를 결정한다.

4. **'수익의 방정식'을 정교하게 풀어라**

   모든 비용을 꼼꼼히 계산해 지속가능한 가격을 설계하라.

5. **'공신력의 날개'를 달아라**

   공식 인증으로 제품의 신뢰도를 높이고 시장을 확장하라.

6. **'스마트한 감성'을 더하라**

   디지털 기술로 제품의 가치를 한 단계 진화시켜라.

7. **'포장의 예술'로 가치를 높여라**

   스토리가 담긴 패키지로 브랜드 아이덴티티를 완성하라.

8. **'고객의 일상'을 스토리로 담아라**

   제품이 선사하는 특별한 경험을 홍보의 중심에 두어라.

9. **'유통의 지도'를 넓게 그려라**

   온 · 오프라인 채널의 다양화로 판매 기회를 극대화하라.

10. **'신뢰의 보험'을 확실히 들어라**

    철저한 A/S와 환불 정책으로 고객 안심을 보장하라.

11. **'협력 네트워크'를 구축하라**

    협력업체와의 상생으로 안정적인 공급망을 확보하라.

12. **'장인의 투명성'을 실천하라**

    제조 과정과 원료 선택의 철학을 공개해 신뢰의 기반을 다져라.

'고객의 차와 마음을 함께 관리하는 자동차 서비스 성공 법칙'
(세차장, 카센터, 정비소 등)

1. **'차량 진단'을 전문의처럼 세심하게 하라**

   정확한 문제 파악과 솔직한 설명이 신뢰의 첫걸음이다.

2. **'정비 이력'을 데이터베이스로 구축하라**

   차량별 관리 이력이 과학적 서비스의 나침반이 된다.

3. **'부품 선택'의 기준을 투명하게 공개하라**

   정품과 대체품의 장단점을 명확히 설명해 신뢰를 쌓아라.

4. **'견적의 정직함'으로 차별화하라**

   숨겨진 비용 없는 투명한 견적이 평생 고객을 만든다.

5. **'작업 과정'을 시각적으로 공유하라**

   사진과 동영상으로 정비 과정을 공개해 불신을 없애라.

6. **'디지털 소통'으로 편의성을 높여라**

   모바일 예약과 실시간 작업 현황 공유로 고객 만족을 높여라.

7. **'멤버십 프로그램'으로 단골을 확보하라**

   정기 관리 고객을 위한 특별한 혜택을 설계하라.

8. '계절별 캠페인'으로 선제적 관리를 유도하라

   시기별 맞춤 점검으로 사고를 예방하고 매출을 높여라.

9. '친환경 세차'로 미래 가치를 선도하라

   환경 친화적 세제와 절수 시스템으로 차별화된 가치를 만들어라.

10. '정비 교육'을 서비스로 승화하라

    간단한 차량 관리법 교육으로 고객과의 유대를 강화하라.

11. '전문 네트워크'를 구축하라

    보험사, 견인업체와의 협력으로 원스톱 서비스를 제공하라.

12. '타이밍 마케팅'으로 매출을 높여라

    차량 정기검사, 계절 변화 등 관리 시점을 놓치지 마라.

13. '서비스 후 관리'를 체계화하라

    정비 후 만족도 조사와 사후 관리로 재방문을 유도하라.

바로 써먹는 디테일 마케팅

고수의 장사법

초판 1쇄 발행 | 2025년 3월 10일

지은이 | 장정빈
펴낸이 | 이성수
주간 | 김미성
편집장 | 황영선
디자인 | 여혜영
마케팅 | 김현관
펴낸곳 | 올림
주소 | 서울시 양천구 목동서로 38, 131-305
등록 | 2000년 3월 30일 제2021-000037호(구:제20-183호)
전화 | 02-720-3131 | 팩스 | 02-6499-0898
이메일 | pom4u@naver.com
홈페이지 | http://cafe.naver.com/ollimbooks

ISBN 979-11-6262-064-9 (03320)